J. TERSANNES

LE PROBLÈME AUTRICHIEN

ET LA
MENACE DU RATTACHEMENT
A L'ALLEMAGNE

Préface de M. AUGUSTE GAUVAIN

ÉDITIONS BOSSARD
43, RUE MADAME, 43
PARIS
1921

LE PROBLÈME AUTRICHIEN

ET LA
MENACE DU RATTACHEMENT
A L'ALLEMAGNE

J. TERSANNES

LE PROBLÈME AUTRICHIEN

ET LA
MENACE DU RATTACHEMENT
A L'ALLEMAGNE

Préface de M. AUGUSTE GAUVAIN

ÉDITIONS BOSSARD

43, RUE MADAME, 43

PARIS

1921

PRÉFACE

L'auteur de ce petit livre connaît à fond le sujet qu'il traite. Il a suivi sur place, depuis que les Français peuvent de nouveau vivre en Autriche, tout le développement du mouvement qu'il décrit. Il a parcouru le pays et ses abords. Il a entendu les hommes. Naturellement doué de l'esprit de discernement et d'observation, familier avec l'histoire, très au courant des affaires allemandes, dégagé de toute prévention, il ne se préoccupe que de former son jugement. Cela fait, il recherche les moyens d'adapter aux circonstances la défense des intérêts français. En signalant la menace du rattachement de l'Autriche à l'Allemagne, il ne soutient pas une thèse : il dénonce un péril qu'il voit grandir chaque jour.

Au commencement de son long séjour en Autriche l'auteur n'avait pas remarqué de tendance caractérisée vers l'Anschluss, comme on dit à Vienne. Battus et mécontents les Autrichiens ressentaient peu de tendresse pour les Allemands, qu'ils n'ont d'ailleurs jamais aimés. Quelques-uns des plus fougueux pangermanistes d'avant-guerre, qui étaient de Bohême, étaient devenus citoyens tchéco-slovaques. Les autres n'osaient pas trop élever la voix. La parole appartenait aux révolutionnaires qui s'en prenaient très justement aux coteries aristcoratiques et militaires dont l'aveuglement, l'infatuation, la bêtise et l'entêtement avaient conduit la Monarchie au fond du précipice. Les industriels redoutaient la concurrence des articles allemands. Les habitants des villes et des vallées ne découvraient aucun avantage dans le ratta-chement à un pays qui pouvait nourrir à peine la moitié de sa population avec les produits de son sol. Pacifiques de nature, les Autrichiens craignaient en outre que l'accroissement du Reich voisin lui fournît les moyens d'entreprendre une guerre de revanche. Enfin les Alliés, qui jouissaient de tout le prestige de la victoire, interdi-saient le rattachement. Cela suffisait pour décourager les velléités d'agrégation à l'ancien empire des Hohen-zollern.

Mais le temps s'écoula sans que les Alliés prissent en Allemagne figure de vainqueurs et consolidassent dans l'Europe centrale le nouveau statut territorial. Les négociations de paix s'éternisèrent. Les traités de Saint-

Germain et de Trianon une fois signés, les nations victorieuses se mirent à en discuter les mérites et à parler de leur revision comme d'une chose inévitable. Les vaincus virent qu'on recherchait leurs bonnes grâces et qu'on se disputait leur concours. Escomptant des faveurs et s'abandonnant à leur apathie naturelle, ils attendirent les événements sans rien tenter pour se tirer eux-mêmes de leurs embarras. Avec les mois et les années les embarras s'accrurent et le respect pour les Alliés diminua.

Sur ce terrain propice la propagande allemande sema ses graines empoisonnées. Par les groupements d'anciens combattants, le Heimatsdienst, la Heimwehr, la presse, les conférences, elle s'étendit en Haute et Basse-Autriche, en Styrie, en Carinthie, dans le Tyrol et le Salzburg. Elle agitait comme un drapeau l'article 61 de la Constitution de Weimar qui, voté quelques mois après la signature du traité de Versailles, promettait à l'Autriche allemande sa réunion à l'empire allemand et le droit de participer au Conseil d'empire, et même accordait immédiatement voix consultative aux représentants de l'Autriche. M. Hugo Stinnes, achetait 200.000 actions de l'Alpine Montangesellschaft, les concessions de toute la force motrice de l'Enns, l'exploitation des chutes d'eau du Tyrol, l'énergie électrique de l'Autriche, les journaux d'Innsbruck, de Linz, de Vienne et de Graz. Il préparait des plébiscites. Disposant des

*emplois dans une multitude d'entreprises privées et pos-
sédant une influence prépondérante dans la plupart des
journaux, il pétrissait lentement l'opinion. On vient de
voir les résultats de ce beau travail : à la presque unanimité des votants, le Tyrol a voté le rattachement, et,
province par province, le reste de l'Autriche s'apprête
à le suivre.*

*Quels remèdes à cela ? M. Tersannes indique ceux
qu'on a déjà proposés et qui auraient pu être efficaces
si, au lieu d'imaginer de nouveaux systèmes politiques
destinés à ne se réaliser jamais, on s'était contenté d'ap-
pliquer les traités et d'en tirer tout le parti possible. Il
suggère aussi d'autres mesures. On jugera des réformes
possibles par quelques exemples. L'Autriche inscrit à
son budget plus d'un milliard pour une armée qui,
d'après le traité de Saint-Germain, ne doit pas dé-
passer 30.000 hommes. Elle paie 25 couronnes par jour
à tous les chômeurs, alors que le salaire moyen des travailleurs est de 40 couronnes. Elle laisse en friche
400.000 hectares qui étaient ensemencés en 1914, et
ne songe point à mettre en culture les vastes terrains
qu'on ne prenait pas la peine de défricher lorsqu'on
recevait du dehors tous les grains nécessaires. Elle boy-
cotte la Hongrie pour motifs politiques, alors qu'elle y
pourrait trouver le blé qui lui manque. Elle laisse diminuer son cheptel par l'abat prématuré des bestiaux. Elle*

entretient à titre de fonctionnaires des multitudes de gens qui ne rendent aucun service. Elle jette chaque mois sur le marché un milliard de couronnes au lieu de réduire sa circulation. En fait elle se suicide. Et l'on dit qu'elle n'est pas viable !

Dès lors qu'elle est incapable de s'administrer, elle n'a le choix qu'entre deux solutions : l'esclavage allemand, ou la tutelle des puissances alliées. Aux yeux de l'auteur comme aux nôtres, c'est la tutelle qu'il faut choisir. Les Alliés sont en mesure de l'imposer. Ce sont non les ressources, mais l'énergie et l'initiative qui manquent. Dans un pays où un banquier local vient de payer, au nez des amateurs français, treize millions de couronnes un bureau qu'on dit avoir appartenu à Napoléon Ier, il y a pour la France autre chose à faire qu'à porter son argent.

Peu de problèmes d'après-guerre ont été présentés avec autant de méthode et de clarté que M. Tersannes l'a fait pour le projet de rattachement de l'Autriche à l'Allemagne. Son livre, qui est d'une lecture attachante, paraît à une heure où le problème doit être résolu d'urgence si les Alliés ne veulent pas perdre la paix. La politique du « fil de l'eau » conduit au gouffre.

AUGUSTE GAUVAIN.

Mai 1921.

INTRODUCTION

CE n'est un mystère pour personne que l'article 80 du traité de Versailles et l'article 88 du traité de Saint-Germain n'ont nullement découragé en Autriche et en Allemagne les partisans du « rattachement ».

En pratique, la propagande en faveur de cette idée n'a jamais cessé, et sa consécration sera la demande, inévitablement présentée par l'Autriche à la Société des Nations, de s'unir à l'Allemagne ; à moins que celle-ci ne se sente déjà suffisamment forte pour procéder seule à cette annexion.

Afin de ne pas être surpris par les événements, ou de ne pas nous trouver, une fois de plus, en présence du fait accompli, il semble intéressant d'indiquer les causes profondes et accidentelles de la campagne faite en Autriche en faveur du rattachement, ses phases principales, ses menaces, et ses remèdes éventuels.

A ce mouvement, les Allemands prétendent assister les bras croisés. Incapables seulement, disent-ils, d'étouffer l'appel de leurs malheureux frères, ils attendent que le monde leur permette enfin de les accueillir.

En réalité, aucun témoin impartial n'ignore à quelle adroite et minutieuse propagande est dû le courant irrésistible qui semble entraîner aujourd'hui l'Autriche vers l'Allemagne. Cette propagande ne date pas d'hier. Dans son remarquable et prophétique volume de l'*Europe et la Question de l'Autriche au seuil du* xxe *siècle*, M. Chéradame dénonçait en 1901 l'œuvre de l'Union pangermaniste, et, en pleine guerre, en montrait de nouveau les dangers dans *Le Plan pangermaniste démasqué*.

Le couronnement de cette activité fut, au lendemain de la révolution, la volonté nettement exprimée par la nouvelle république autrichienne de s'unir au « Reich ».

Devant le veto de l'Entente, la propagande allemande n'a pas désarmé et s'est proposé un double but : d'une part, amener les Autrichiens qui, après leur geste de désespoir, semblaient vouloir se ressaisir, à désirer de nouveau le rattachement. Et, d'autre part, dissimuler cet effort aux yeux du monde entier, et lui persuader qu'il se trouve en présence d'un sentiment spontané, et dont la réalisation pourra, seule, sauver tout un peuple de la mort.

Le premier de ces buts n'est pas loin d'être atteint. Bien que la grande majorité des Autrichiens n'aime pas les Allemands, une patiente propagande a peu à peu modifié leurs sentiments. Des circonstances politiques et économiques exceptionnelles, habilement exploitées, ont contribué à favoriser un tel revirement.

A force de lire chaque matin dans son journal, de s'entendre répéter chaque soir par quelque orateur public, que seul le rattachement à l'Allemagne pouvait le sauver, l'Autrichien s'est laissé convaincre. Cette solution flattait d'ailleurs sa paresse naturelle. Il a été trop heureux, après quelques vagues essais d'un travail ingrat, d'apprendre que tout effort était vain, et que l'inaction, en hâtant la nécessité de la fusion à l'Allemagne, était au contraire bienfaisante.

Bruyant apôtre de sa religion nouvelle, oubliant souvent la date récente de sa conversion, il s'étonne que l'Entente veuille, pour des craintes chimériques, prolonger sa détresse, et il remplit le monde de ses lamentations. Celles-ci, retrouvant encore le puissant levier de la propagande allemande, rencontrent d'ailleurs dans la presse neutre, et dans certaines presses alliées, un écho complaisant. Peu à peu l'heure se rapproche où, soit par conviction, soit par lassitude, soit surtout par crainte de l'avoir trop long-temps à leur charge, les nations assemblées seront tentées de s'incliner devant le désir de l'Autriche, et, en réalité, devant la volonté de l'Allemagne. Ainsi s'accomplirait la prophétie faite, en septembre 1914, par un diplomate allemand à Rome, et rappelée le 30 juin 1920 à la tribune du Sénat français : « Nous « gagnerons la guerre : mais, si nous ne la gagnions « pas, nous la gagnerions encore, parce que nous « annexerons les huit millions d'Allemands d'Au-triche. »

Si un semblable événement se réalisait, les opti-mistes impénitents qui en nient le danger ne tarde-raient pas à déchanter. Une fois maîtres de l'Europe centrale, et leur premier rêve réalisé, les pangerma-nistes chercheraient aussitôt à réaliser le deuxième : la domination de l'Orient. Or, des événements récents nous ont montré qu'il ne fallait pas trop compter, pour arrêter les Allemands le long de cette route, sur les sentinelles avancées de notre politique.

Ceux qui ont fait tant de douloureux sacrifices pour assurer la paix de l'Europe ne peuvent accepter de telles éventualités. Il importe qu'ils empêchent à tout prix l'union de l'Autriche à l'Allemagne, non pas seulement au moyen d'un texte de traité toujours fragile, mais par l'adoption de mesures économiques urgentes, appuyant une politique de fermeté.

Et si quelques partisans convaincus du « droit de libre disposition des peuples » s'émeuvent de cette intervention, ils trouveront dans ces pages des renseignements sur les sentiments réels des Autrichiens qui rassureront leur conscience.

CHAPITRE PREMIER

HISTORIQUE DE LA QUESTION DU RATTACHEMENT

ACTIVITÉ DU PARTI PANGERMANISTE AU LENDEMAIN DE
LA RÉVOLUTION, AVANT ET APRÈS LA SIGNATURE DU
TRAITÉ DE SAINT-GERMAIN.

LORSQUE avant de se séparer, au mois d'octobre
dernier, l'Assemblée nationale autrichienne a
décidé que la question du rattachement à l'Allemagne
devrait faire, dans un délai de six mois, l'objet d'un
plébiscite, cette nouvelle a provoqué au dehors une
émotion légitime. Périodiquement, des incidents de
ce genre attirent l'attention des journaux français et
rappellent au public l'existence du danger pangermaniste.

Si les démonstrations particulièrement bruyantes ont seules un écho au delà des frontières, elles ne constituent en réalité que de simples épisodes de la campagne ininterrompue menée en Autriche par les partisans du rattachement, à l'instigation et sous l'impulsion des gens de Berlin.

Quand on constate la patience, l'universalité, et la perfection de l'action pangermaniste ; quand on s'aperçoit surtout que cette action a repris avec toute sa vigueur au lendemain même de l'armistice, au moment où le monde entier croyait le « Reich » abattu et désemparé pour de nombreuses années, on est tenté de s'incliner devant une telle force d'organisation. Mais en y regardant de près, on est obligé de convenir que c'est à l'indifférence, à l'imprévoyance, ou aux coupables illusions de leurs adversaires, que les Allemands doivent le plus clair de leur succès.

C'est ainsi qu'à la cessation des hostilités, la politique alliée n'a esquissé aucun effort pour empêcher l'Autriche de s'unir à l'Allemagne. Et cette inertie, bientôt prise pour un consentement tacite, a contribué, mieux que toute la propagande pangermaniste, à décider le rattachement.

Chez nous, la conscience du danger semble s'être éveillée particulièrement tard, à une heure où Berlin avait déjà eu le loisir d'exploiter le geste de désespoir accompli par Vienne. En effet, pendant les cinq mois consécutifs à l'armistice, la France seule ne fut pas représentée à Vienne, tandis que l'Italie y déléguait une imposante commission, et que les Anglais et les Américains avaient également de nombreux envoyés. Cette réserve aurait pu s'expliquer, à la rigueur, si nos alliés avaient compris le péril du rattachement, et cherché à l'éviter en notre absence. Malheureusement, ce n'était pas le cas.

Dans les derniers jours du mois de mars 1919, l'oubli fut enfin réparé. M. Allizé, un de nos plus éminents diplomates, partit pour Vienne en mission extraordinaire, avec le général Hallier comme collaborateur militaire. Mais le départ tardif de cette mission semblait la vouer d'avance à l'insuccès.

Depuis longtemps, en effet, l'Assemblée nationale autrichienne avait proclamé que la nouvelle république formait une partie intégrante du « Reich ». Elle venait en outre de désigner une commission de cinq membres, chargés d'aller à Weimar collaborer à la rédaction de la nouvelle constitution allemande. Comme d'autre part, aux dires des pangermanistes, ces décisions officielles consacraient la volonté unanime de la population, l'imminence du rattachement ne pouvait plus faire de doute.

Fort heureusement, nos adversaires avaient pris

— ou affecté de prendre — leurs désirs pour des réalités. Si, sous l'influence prépondérante d'Otto Bauer, le siège du gouvernement semblait fait, celui de l'opinion publique restait à faire. De tous les coins du nouvel État, de toutes les classes de la société, des témoignages spontanés de sympathie et de confiance parvinrent à l'adresse du Haut-Commissaire français. Et, sans rencontrer nulle part la moindre hostilité, nos compatriotes furent au contraire l'objet du plus aimable accueil.

« Au fond, avouaient les Autrichiens, nous détes-
« tons les Prussiens, et nous n'avons aucune envie de
« nous unir à eux ! Seulement, il faut que l'Entente
« comprenne notre situation, et nous assure les
« moyens de vivre indépendants. »

Une semblable profession de foi, après le long délai consenti à la propagande allemande, est symptomatique. Elle reflétait, au printemps 1919, la pensée secrète de la majorité de la population.

Bientôt d'ailleurs les gouvernements alliés se décidaient à donner à l'opinion publique autrichienne l'appui tardif de leur volonté, et, précurseur de l'article 88 du traité de Saint-Germain (¹), l'article 80

(¹) *Article 88 du Traité de Saint-Germain* : L'indépendance de l'Autriche est inaliénable, si ce n'est du du traité de Versailles (¹) consacrait l'échec des plans pangermanistes. Le 25 juillet, le ministre des affaires étrangères Bauer, un des plus fervents apôtres du rattachement, démissionnait ; et le chancelier Renner affirmait la nécessité « d'une orientation de la politique vers l'Ouest ».

Avec une certaine inconscience, et une totale incompréhension de leurs torts passés, beaucoup d'Autrichiens s'imaginèrent alors que ces gages hâtifs de bonne volonté allaient suffire pour modifier profondément les conditions de paix, et, peu à peu, ils se bercèrent des espérances les plus fantaisistes.

---

consentement du Conseil de la Société des Nations. En conséquence, l'Autriche s'engage à s'abstenir, sauf le consentement dudit Conseil, de tout acte de nature à compromettre son indépendance, directement ou indirectement, et par quelque voie que ce soit, notamment et jusqu'à son admission comme membre de la Société des Nations, par voie de participation aux affaires d'une autre puissance.

(¹) *Article 80 du Traité de Versailles* : L'Allemagne reconnaît et respectera strictement l'indépendance de l'Autriche, dans les frontières qui seront fixées par le traité passé entre cet État et les principales puissances alliées et associées ; elle reconnaît que cette indépendance sera inaliénable, si ce n'est du consentement du Conseil de la Société des Nations.

Le réveil fut rude. Ce n'est ici ni l'heure, ni le lieu, d'épiloguer sur le traité de Saint-Germain, mais il est indéniable qu'il réclamait, de la part de ceux qui voulaient y découvrir certains adoucissements, un examen attentif !

A la publication des conditions de paix, tous les adversaires du rattachement furent atterrés. Les pangermanistes n'avaient pas assez de sarcasmes à leur adresse. « Voilà, disaient-ils, où nous a conduits « votre fameuse politique de rapprochement avec « l'Entente ! Sans obtenir aucune compensation, « vous avez abandonné les avantages certains que « devait vous procurer l'union avec l'Allemagne, et « vous avez condamné notre malheureux pays à une « existence impossible. »

Ainsi, d'après la façon dont les événements s'étaient enchaînés, beaucoup plus que par ces événements mêmes, le traité de Saint-Germain marquait en Autriche un triomphe des pangermanistes. Des conditions de paix toutes semblables n'auraient jamais eu de telles conséquences si la volonté de l'Entente s'était manifestée dès le début et si, au lieu d'avoir à remonter un courant d'opinion déjà bien établi, on avait su en créer un. Mais pour arracher leurs avantages aux Allemands, et pour ramener à nous les Autrichiens, il avait fallu leur laisser entrevoir

des espérances qui, malgré une intentionnelle impré-
cision, devaient fatalement provoquer des déceptions.
Il faut donc accuser moins le Traité que les circonstances d'avoir provoqué dans l'opinion publique un
revirement en faveur du rattachement.

Ces nuances n'échappèrent pas aux pangermanistes.
Ils surent tirer un excellent parti du mécontentement
et des désillusions causées par la sévérité du Traité,
et les exploiter en faveur de leurs théories. N'osant
plus invoquer contre eux un amour-propre national,
dont les clauses qui privaient l'Autriche de ses plus
riches contrées septentrionales et méridionales.avaient
fait si bon marché, leurs adversaires se taisaient. La
plupart de leurs anciens arguments étaient d'ailleurs
périmés ; désormais, ils représentaient aux yeux de
l'opinion publique le présent, avec toutes ses misères
et toutes ses menaces. Les instigateurs du rattachement, au contraire, représentaient l'avenir, avec tous
ses mirages et ses espoirs illimités : la lutte n'était
plus égale.

CHAPITRE II

SENTIMENTS RÉELS DES AUTRICHIENS A L'ÉGARD DES ALLEMANDS

DIVERGENCES DE CARACTÈRES ET D'IDÉES. — COMMENT LA GUERRE A RENDU CES DIVERGENCES PLUS SENSIBLES. — QUELS DANGERS REDOUTENT LES ADVERSAIRES DU RATTACHEMENT.

IL est assez difficile de savoir ce que les Autrichiens pensent réellement des Allemands. On ne peut en effet ni demander cette opinion aux journaux, presque tous à la solde du « Reich », ni la chercher parmi les déclarations des assemblées officielles ou des réunions publiques, car, aussitôt qu'ils sont en groupe, les gens se méfient les uns des autres, et apportent la plus grande prudence dans leurs jugements.

Pour connaître la vérité, il faut provoquer des confidences individuelles. Mais on est surpris alors de constater combien, dans toutes les classes de la société, il y a d'Autrichiens qui détestent sincèrement leurs « frères de race », et combien la communauté de la langue est un lien factice, quand elle ne se double pas de la similitude des caractères et des sentiments. Or, cette similitude n'existe pas. Il suffit pour s'en rendre compte d'avoir vécu successivement au milieu des Allemands et des Autrichiens. Autant les premiers sont orgueilleux, arrogants et rancuniers, autant les seconds sont simples, affables, et incapables de haïr leurs pires ennemis. De même l'activité, la ténacité et le sérieux des uns, s'opposent à la nonchalance, à la légèreté et à la gaîté des autres.

La guerre a contribué à souligner encore ces divergences, et, à ce point de vue, il n'y a rien de plus convaincant que de comparer les mauvais traitements dont les prisonniers civils ont été l'objet en Allemagne, aux efforts faits en Autriche pour adoucir leur captivité. L'anecdote suivante, rigoureusement exacte, met cette opposition bien en lumière :

Au printemps 1914, une institutrice française, Mme M..., fixée à Vienne depuis vingt ans, se rend aux instances d'un des plus célèbres médecins de

Francfort qui désirait lui confier l'éducation de ses filles, et quitte l'Autriche pour l'Allemagne. Elle reçoit d'ailleurs, dans la famille du docteur, le plus aimable accueil. Mais aux premiers bruits de guerre, tout change comme par enchantement. La cordialité fait place à la haine et à l'insulte. Le père, la mère, et les élèves, se complaisent à décrire les terribles châtiments réservés à la France, et réclament, dès la mobilisation, l'envoi de Mme M... dans un camp de concentration... Ce n'est que par la complicité d'un fonctionnaire que la malheureuse parvient à s'échapper de cet enfer, et à rentrer à Vienne.

Là, en revanche, elle retrouve intactes toutes les sympathies et toutes les affections passées. Non seulement ses amis évitent devant elle toute allusion blessante, mais ils s'ingénient à lui cacher les nouvelles pénibles, et à lui annoncer eux-mêmes les événements heureux, conservant jusqu'au bout cette aimable attitude.

L'histoire de Mme M... n'est pas une exception. Tous nos compatriotes, demeurés en Autriche pendant la guerre, s'accordent à reconnaître la délicatesse et les bons procédés de la plupart des habitants à leur égard. Et, entre parenthèses, la liberté presque complète, laissée aux internés mobilisables, rend assez suspect le peu d'empressement mis par quelques-uns à rentrer en France, pour accomplir leur devoir militaire.

Ces contrastes entre Vienne et Berlin, dont il ne faut naturellement pas s'exagérer la portée, indiquent cependant quelle attitude très différente peuvent provoquer certaines oppositions de caractère. Et les mêmes remarques se justifient après la guerre. Tandis que les représentants de l'Entente se heurtaient, en Allemagne, à l'hostilité générale, jamais ils n'ont rencontré la moindre difficulté en Autriche, et les officiers Italiens, au lendemain de l'armistice, ont pu montrer partout leurs uniformes, sans provoquer un geste de protestation... Absence de dignité, diront certains ? Non, mais « Gemütlichkeit », ce terme intraduisible, qui exprime à merveille la bonhomie et l'aimable scepticisme du caractère viennois.

Les Allemands n'ont jamais caché leur mépris pour ces bâtards de la race germanique, pour ces êtres mous et légers, si éloignés de leur propre « Kultur ». Pendant la guerre, ils ne leur ont ménagé ni les sarcasmes, ni les humiliations de tout ordre. On connaît le dialogue classique de l'officier autrichien et de l'officier prussien : « Ich habe die Ehre. » — « Und ich habe die Arbeit ([1]). » Cette plaisanterie résume parfaitement l'opi-

-----

([1]) « J'ai l'honneur. » — « Et moi, j'ai la peine. »

nion que les Allemands avaient de leurs alliés. Mais ceux-ci n'ont jamais pu se résigner au rôle secondaire qu'on voulait leur assigner sur leur propre front, et ont été exaspérés de se voir perpétuellement traités en parents pauvres.

A la même époque, les Viennois subissaient avec impatience l'envahissement d'une soldatesque arrogante, qui ne trouvait jamais les trottoirs assez larges, et se comportait exactement comme en pays conquis !

Ainsi, au front et à l'arrière, les Autrichiens ont eu un avant-goût de la domination germanique. L'expérience les a peu séduits, et la plupart ont accueilli avec un soupir de soulagement le départ de ces trop encombrants alliés. C'est à cet état d'esprit qu'il faut attribuer, en partie, l'échec de la campagne pangermaniste après l'armistice, et l'accueil empressé fait aux premières suggestions de l'Entente.

Mais beaucoup d'adversaires du rattachement fondaient leur opinion sur des raisons plus précises. Les fabricants qui produisent, à un prix de revient relativement élevé, des articles de choix, savaient que la disparition des frontières amènerait l'envahissement du marché par la pacotille allemande, et la ruine fatale de l'industrie autrichienne. Les agriculteurs voyaient le leurre d'une union avec un pays, dont la production ne dépasse guère la moitié de sa propre consommation. Quant aux économistes, ils ne se souciaient pas d'échanger la dette d'un peuple, lourdement grevé sans doute, mais auquel la sympathie et la pitié des créanciers étaient acquises, contre celle d'une nation universellement entourée de haine ou de rancune.

Enfin, édifiés de longue date sur les véritables sentiments des Allemands, tous les gens de bon sens savaient que le « Reich », n'ayant cure de l'Autriche et de sa misère, cherchait seulement, dans l'apport de ses six millions et demi d'habitants, une réserve inespérée de matériel humain. Ils devinaient que le jour de l'union tant souhaitée marquerait l'aube de nouveaux combats, et que l'esprit de revanche et de conquête, toujours intact à Berlin, entraînerait encore une fois les troupes austro-allemandes sur les champs de bataille de l'Orient, d'Alsace ou de Pologne, vers tous les points du monde historiquement désignés aux appétits germaniques.

Or, la plupart des Autrichiens sont pacifiques. D'un naturel déjà tranquille, ils ont conservé un si pénible souvenir de la dernière guerre que, pour rien au monde, ils ne voudraient renouveler une semblable aventure. Héritiers d'un puissant empire, contemporains d'une Cour splendide, ils ont vu s'écrouler l'un et l'autre, et sont aujourd'hui désabusés des grandeurs de ce monde. Aussi les buts ambitieux et lointains des pangermanistes ne les intéressent-ils nullement, et une médiocrité paisible leur semble-t-elle préférable aux sanglantes hégémonies.

Comment de telles divergences de caractères et de sentiments, et de telles blessures d'amour-propre, comment des oppositions d'intérêts si flagrantes, des craintes d'avenir si légitimes ont-elles pu s'effacer, et faire place au désir presque général du rattachement à l'Allemagne ? C'est le secret de ce peuple apathique et léger, incapable de résister longtemps à une volonté dominante ; c'est le secret surtout d'une propagande habile, inlassable et puissamment organisée.

CHAPITRE III

LA PROPAGANDE ALLEMANDE EN AUTRICHE

I. — LA CAMPAGNE DE PRESSE CONTRE LA FRANCE, LA CAMPAGNE DE PRESSE EN FAVEUR DE L'ALLEMAGNE.

II. — LES AUTRES FORMES DE LA PROPAGANDE ALLEMANDE. SON ACTION SUR LES PARTIS POLITIQUES ET LES ASSOCIATIONS PROFESSIONNELLES.

III. — PROPAGANDE DIRECTE FAITE PAR LES ALLEMANDS EN AUTRICHE.

I

L'ARME principale de la propagande allemande en Autriche est la presse. La plupart des journaux édités à Vienne ou en province sont à la solde du « Reich », tous lui sont dévoués. Aussi la campagne pangermaniste a pu prendre une ampleur et un acharnement que ne justifiaient ni les circonstances, ni les sentiments réels de la population. Cette campagne poursuit un double but : un but négatif en attaquant la France ; un but positif en vantant l'Allemagne, et en proclamant à toute occasion que, seule, l'union avec ce pays peut sauver l'Autriche de la disette et de la misère.

∽

La France, considérée comme l'adversaire principal du rattachement, est, à ce titre, l'objet des accusations journalières et des marques d'hostilité les plus variées. « Foyer de l'impérialisme militaire » d'après les feuilles bourgeoises, de « l'impérialisme capitaliste » suivant les feuilles sociales-démocrates, notre pays est unanimement représenté comme l'unique obstacle à la paix mondiale. « C'est lui seul qui, par « soif de conquêtes, hâte la ruine de populations inno- « centes, ou prolonge leur misère par esprit de rancune « et désir de représailles. Abandonnée successivement « par tous ses anciens alliés, la France devra bientôt « constater l'échec définitif de sa politique d'oppres- « sion, et reconnaître aux peuples vaincus « le droit « à la vie » dont elle prétend les priver. »

Tel est le thème familier sur lequel les journaux autrichiens, profitant des moindres incidents de la politique mondiale, brodent inlassablement. A chaque instant, on voit dans les éditions du matin ou du soir des titres sensationnels : « La France isolée », « Grave conflit entre l'Angleterre et la France », « L'Amérique désavoue la France », etc., etc... Et, quand les circonstances ne permettent pas de semblables fantaisies, les journalistes ont recours à quelques clichés classiques, comme « le scandale de la légion étrangère », ou « les excès des troupes noires sur le Rhin », qui maintiennent l'opinion publique en haleine.

Il est impossible d'énumérer toutes les infamies et les basses calomnies publiées ainsi depuis deux ans. Les journaux illustrés eux-mêmes s'en mêlent. Tantôt sous la forme d'un général brandissant un sabre ensanglanté, tantôt sous l'aspect d'un Sénégalais en délire, la France y figure dans le rôle classique de « croquemitaine ». Et peu à peu, par le texte et par l'image, le lecteur s'habitue à voir en nous les continuateurs obstinés de la guerre mondiale.

Ce qui caractérise bien l'origine purement allemande de cette campagne, c'est que, seul, notre pays est en cause. Jamais on ne trouve un commentaire désagréable à l'adresse de l'Angleterre, des États-Unis ou de l'Italie ; et si, parfois, l'Entente est attaquée, la critique a vite fait d'abandonner cet adversaire impersonnel, pour s'en prendre de nouveau à la

France. Dans l'illustration de son numéro de Noël 1920, le *Morgen* caractérise parfaitement cette tendance. Des anges de tous les pays y sont représentés, au moment où, les bras chargés de cadeaux, ils s'apprêtent à quitter le ciel pour venir faire des heureux sur la terre. L'ange anglais se reconnaît au « kilt » classique, l'ange américain à la bannière étoilée et au chapeau gris à larges bords. Quant à l'ange français, casqué, cuirassé et armé, il s'appuie sur un arbre de Noël auquel des étiquettes, portant les mots de « Gloire » — « Versailles » — « Saint-Germain » — « Trianon » — « Sèvres », sont accrochées, et il tend le poing au malheureux ange autrichien ! Toute la tactique de la propagande allemande se résume là.

Si les journaux représentaient véritablement l'opinion publique, une semblable distinction ne devrait pas avoir lieu. **On** s'expliquerait fort bien chez les Autrichiens un sentiment d'amertume à l'égard des peuples victorieux. Pourquoi, seulement, ce sentiment ne se manifeste-t-il qu'envers les Français, adversaires indirects et lointains, à l'exclusion par exemple des Italiens qui, d'alliés, devinrent pendant la guerre les pires ennemis ? Mais cette hypothèse elle-même doit être écartée : la bienveillance indifférente et l'absence complète de rancune du caractère autrichien l'excluent. Nous nous trouvons en présence d'un peuple qui n'en veut à personne, à nous pas plus qu'aux autres. De nombreuses affinités l'attirent au contraire vers la France, et, exploitant ces sentiments, il aurait suffi d'un faible effort au lendemain de l'armistice, pour nous rallier l'Autriche. Aujourd'hui encore, beaucoup de sympathies individuelles nous demeurent acquises, et il est aisé de s'en rendre compte si l'on séjourne quelque temps dans le pays.

En attaquant constamment et uniquement la France, les journaux ne s'appuient donc ni sur des rancunes historiques, ni sur une hostilité passagère. Ils restent systématiquement en marge de l'opinion publique, et exécutent une simple consigne.

Peut-être, sera-t-on tenté de dire, la France ne fait-elle pas en faveur de sa propagande l'effort nécessaire, et faut-il attribuer à cette circonstance l'exception dont elle est l'objet ? Il est possible que nos alliés aient, en effet, dépensé des sommes plus considérables que nous-mêmes pour obtenir la neutralité ou la bienveillance des journaux autrichiens. Mais nous avons donné mieux que de l'argent : nous avons donné des vivres, qu'au poids de l'or on ne pouvait se procurer dans le pays. Ces vivres, acquis au dehors et transportés avec des difficultés inouïes, ont été distribués gratuitement ou à des taux dérisoires, et, depuis vingt mois, nous ravitaillons ainsi régulièrement près de

trois cent mille Viennois, parmi lesquels, ô ironie !
les « quinze mille membres » du syndicat de la presse.

Puisant dans une saine nourriture des forces nouvelles, les journalistes n'ont fait que redoubler leurs
attaques contre la France. Jamais il n'a été question de remerciements, ni d'un mot de sympathie à
notre égard, et la provenance des vivres a même
été soigneusement cachée à la plupart des destina-
taires.

Par contre, au mois de novembre 1919, le gouvernement allemand ayant annoncé qu'il voulait aider
l'Autriche, ce fut, dans toute la presse de ce pays, un
délire de reconnaissance. Voici, entre autres, les titres
des différents articles publiés dans le même numéro
de la *Neue freie Presse*, en date du 28 novembre : « Un
nouveau secours de farine pour Vienne décidé par
le gouvernement allemand ». — « Une semaine de
secours pour Vienne à Berlin ». — « L'Assemblée
nationale allemande au secours de l'Autriche ». —
« Les femmes allemandes au secours de Vienne ». —
« L'organisation en Allemagne des secours indivi-
duels pour l'Autriche ». — « Projet en Allemagne d'un
crédit de vivres en faveur de l'Autriche ».

Tous les journaux montraient le même enthousiasme, et décrivaient longuement la grandeur d'âme
des Allemands, qui, malgré leur propre détresse,

consentaient à se priver encore en faveur de leurs frères Autrichiens.

Faut-il accumuler de semblables exemples ? Tous concourent à nous édifier sur la sincérité des journaux locaux.

Et, en terminant, jamais l'emprise de l'Allemagne sur la presse autrichienne n'a été mise en lumière d'une façon plus flagrante et plus maladroite à la fois qu'à la fin du mois de mars 1921. A cette date, deux événements extérieurs passionnaient l'opinion publique : la Conférence de Londres, où le chancelier Mayr était allé défendre les intérêts de son pays et requérir une aide immédiate, et le plébiscite de Haute-Silésie. L'un intéressait directement le peuple autrichien, puisqu'il mettait en cause son existence même et le problème de son avenir. L'autre intéressait surtout les Allemands et, par contre-coup seulement, leurs anciens alliés. Cependant, toute la période où se déroulèrent concurremment ces deux événements, il ne fut question dans les journaux de Vienne et de la province que des espoirs allemands, de la majorité allemande probable, et, après le vote, de la victoire allemande. Jamais le plus grand succès national n'aurait déchaîné dans la presse l'enthousiasme qui marqua « le triomphe de Haute-Silésie, gage de la prochaine revanche de la race germanique ». Quant à la Conférence de Londres, on n'en souffla pas mot. Il ne s'agissait que de l'Autriche : cela n'intéressait personne. Le malheur est de ne pouvoir reproduire les articles ainsi publiés et les dater, non de Vienne, où ils sont écrits, mais de Berlin, où ils sont inspirés. De flagrantes contradictions seraient ainsi expliquées, et le monde comprendrait enfin qu'il ne doit pas chercher dans la presse autrichienne la plainte sincère d'un peuple, mais le servile écho d'un mot d'ordre étranger.

Les attaques contre la France ne constituent qu'une partie du programme de la propagande allemande. Par tous les moyens, celle-ci s'efforce également de prouver au public autrichien que le rattachement s'impose. Elle invoque pour cela des motifs historiques ou politiques, des raisons d'amour-propre, et surtout des intérêts économiques.

Il n'y a pas lieu de s'étendre ici sur les innombrables « souvenirs communs aux enfants de la grande patrie allemande », que les journalistes exhument du passé, et devant lesquels ils s'attendrissent complaisamment. Sous leur plume, les réalités historiques prennent un **tour** particulier : « Autrichiens, Prussiens, et sujets de

« tous les États germaniques, nous apparaissent comme
« étroitement unis à travers les siècles. » Jamais le
souvenir d'une rivalité ou d'un conflit quelconque ne
trouble de tels récits, et c'est tout juste si la campagne
de 1866 ne devient pas un épisode de cette longue et
intime collaboration.

La communauté de langue semble également un
argument décisif aux panégyristes du « rattachement ».
A les entendre, il est scandaleux de maintenir une
barrière entre des hommes qui, s'exprimant de même,
doivent obligatoirement former une seule nation.
Naturellement le scandale n'existe que pour les
peuples de langue allemande, et le maintien des frontières devient tout à fait normal, lorsqu'il s'agit seulement de la Belgique et de la France.(?)

Les raisons politiques, invoquées à l'appui de la
thèse pangermaniste, sont multiples : « Indépendante,
« l'Autriche restera toujours un État faible, à la merci
« des grandes puissances voisines, incapable, ni de
« briser ses étroites frontières, ni même de pouvoir y
« vivre. Unie à l'Allemagne, elle saura, au contraire,
« faire respecter ses droits, reconquérir un jour les
« territoires arrachés par la violence, et entreprendre
« auparavant l'œuvre de relèvement indispensable.
« Cette collaboration s'impose ; en l'interdisant, et
« en refusant de souscrire à la volonté librement

« exprimée d'un peuple, l'Entente commet un abus
« d'autorité qu'il convient de ne pas tolérer plus
« longtemps. »

Ainsi présenté, le Rattachement, au lieu de constituer une atteinte mortelle à l'amour-propre national,
apparaît, au contraire, comme l'unique moyen de
sauvegarder celui-ci, et d'effacer bientôt l'humiliation
d'une paix honteuse. Et, pour convaincre les derniers
opposants, et rassurer ceux auxquels l'autorité brutale
des Prussiens porte encore ombrage, les journaux ont
bien soin d'insister fréquemment sur la parfaite autonomie et la liberté complète qui seraient laissées à
l'Autriche, si elle s'incorporait au « Reich ».

Mais ces motifs d'ordre psychologique ne sont pas
ceux sur lesquels les journaux insistent davantage.
Tant de catastrophes traversées, tant de glorieux
souvenirs et de rêves magnifiques à jamais brisés, ont
rendu le peuple autrichien profondément sceptique,
et l'ont éloigné de toute idée purement spéculative.
Ce qu'il déplore aujourd'hui, c'est moins l'effondrement de son ancien empire, que la perte d'une existence matérielle abondante et facile. Et il oublierait
aisément sa défaite, s'il n'y voyait l'origine de sa misère et de sa faim.

Les ouvriers de la propagande allemande ont parfaitement saisi cette mentalité, et l'exploitent avec

une habileté consommée. Chaque jour, dans son journal, l'Autrichien retrouve le récit tragique des difficultés contre lesquelles il se débat. Après avoir été ainsi apitoyé sur son sort actuel, il apprend que de semblables souffrances ne feront que s'aggraver, et, comme perspective d'avenir, on lui offre une lente et douloureuse agonie ! Justement ému, le lecteur se hâte vers la conclusion pour y chercher s'il n'existe vraiment aucun remède à cette affreuse situation ?...
« Certes, déclare le journal, le remède existe. Il est là,
« tout près, dans cette union avec la grande et géné-
« reuse Allemagne qui consent à nous recevoir dans
« son sein. Et aussitôt, c'en serait fait de toutes les
« souffrances : le blé reviendrait en abondance dans
« les greniers déserts, la bière et le vin rempliraient
« gaiement les verres ; de nouveau, on verrait la
« fumée s'attacher aux cheminées d'usines, et, par-
« tout, aux champs et à la ville, l'activité et la pros-
« périté renaître. Mais, hélas ! ce beau rêve est irréa-
« lisable. Assoiffée de rancune, et trouvant qu'ils ne
« sont pas au bout de leurs souffrances, la France
« s'oppose à ce que les Autrichiens soient secourus.
« Elle prolonge ainsi l'agonie de tout un peuple, et
« refuse d'entendre la supplication de millions de
« victimes innocentes... »
Et, resté calme devant tant d'humiliations et de

malheurs, devant l'écroulement de son empire et de son passé glorieux, la prétendue trahison de ses anciens alliés, l'anéantissement de son armée et de sa flotte, l'Autrichien cette fois s'émeut, et se révolte contre notre ostracisme !

Il n'approfondit pas les vérités quotidiennement proclamées par son journal. Il ne se demande pas si un État, qui ne parvient pas à nourrir ses propres sujets, lui sera d'un secours véritablement efficace, et si toutes les perspectives de relèvement industriel et commercial se réaliseront aussi facilement qu'on l'annonce, au jour du rattachement. Il ne songe pas davantage à chercher dans son propre travail, et dans une utilisation plus rationnelle de ses ressources nationales, un premier remède à sa détresse. Aveuglément, il adopte la solution imprimée à son adresse : « L'Autriche est pauvre et faible, mais l'Allemagne « est encore riche et puissante, et il suffit de s'unir à « elle pour retrouver la prospérité d'antan. » Ce moyen simple, rapide, et qui flatte en outre sa paresse naturelle, satisfait entièrement le lecteur autrichien.

Mais, en attendant ce « jour béni du rattachement », il faut vivre. On sait l'aide apportée à l'Autriche par les puissances de l'Entente, et les dons de toutes espèces offerts par la générosité du monde entier ; on connaît l'activité de la Commission des réparations, et ses efforts pour obtenir les crédits nécessaires au relèvement de ce malheureux pays. Ce qu'on ignore, c'est la façon dont la presse autrichienne accueille secours et démarches. « Il est tout naturel que les « Français et les peuples victorieux nous viennent en « aide, car ce sont eux qui nous ont mis dans la triste « situation où nous sommes actuellement. » Cette théorie, universellement émise par les journaux, a l'avantage d'éviter une reconnaissance intempestive, puisqu'elle ne s'adresse pas à l'Allemagne. L'aide apportée devient le simple acquit d'une dette contractée par ceux qui ont détruit et ruiné le pays. Quant aux responsabilités encourues par la nation elle-même en déchaînant la guerre, et en préparant ainsi la catastrophe actuelle, il n'en est pas question.

Une réduction, un retard quelconque sont-ils apportés à une demande de crédits ou de secours formulée par le gouvernement? Aussitôt, la presse de s'indigner, et de tourner en ridicule ceux qui ont pu fonder quelque espoir sur la générosité d'anciens ennemis. L'Autriche reçoit-elle au contraire satisfaction? La presse a bien soin de proclamer qu'une aide semblable est un expédient momentané, permettant seulement au pays de végéter, jusqu'à la date prochaine où il devra s'unir obligatoirement à l'Allemagne.

Telle est, très rapidement résumée, la façon dont les journaux présentent le problème économique autrichien et l'ensemble des efforts accomplis pour y porter remède. Le public, voyant de semblables doctrines admises par tous les grands quotidiens, répétées par la plupart des orateurs d'assemblées officielles ou de réunions publiques, et n'entendant jamais émettre la moindre théorie contradictoire, se laisse facilement convaincre. Maîtresse absolue de la presse, ne rencontrant nulle part aucune résistance sérieuse, l'Allemagne a facilement remporté la victoire... Il aurait fallu, pour la rendre incertaine, un peuple moins docile et moins influençable que le peuple autrichien.

II

En dehors de la presse, la propagande pangermaniste s'exerce au sein des principaux partis politiques, parmi les associations professionnelles ou syndicales, et s'adresse directement au public des villes et de la campagne. Tantôt favorisant, pour les exploiter à son profit, les tendances séparatistes des provinces, tantôt provoquant dans tout le pays, sans distinction de contrée, un courant d'opinions irrésistible en faveur du rattachement, elle s'efforce de mettre le monde entier en présence d'un sentiment populaire unanimement exprimé.

1° Le parti pangermaniste est, parmi les grands partis politiques autrichiens, l'auxiliaire le plus zélé de la propagande allemande. Héritier de l' « Union pangermaniste » qui, au temps de l'ancienne monarchie, cherchait à imposer à tout le pays la suprématie de la race germanique, ce parti consacre aujourd'hui tous ses efforts à la cause du Rattachement. Ses représentants officiels ne perdent pas une occasion de manifester bruyamment leur fidélité à l'Allemagne, et ne consentent à soutenir qu'un gouvernement favorable à leurs idées. C'est à la demande des députés pangermanistes que l'Assemblée Nationale autrichienne a voté, avant de se séparer, la motion qui a eu un si grand retentissement, et qui réclamait un plébiscite immédiat sur la question du Rattachement. Et c'est avec le concours de tout le parti pangermaniste que s'organisent la plupart des manifestations en faveur de la « grande patrie allemande ».

Sous l'influence de la propagande, les autres partis politiques sont devenus à leur tour les protagonistes du Rattachement. C'est le cas du parti social démocrate, dont beaucoup de membres demeuraient au début hostiles à cette idée, et qui, aujourd'hui, est unanime à réclamer l'union à l'Allemagne ; c'est le cas du parti bourgeois, du parti agrarien, du parti démocratique, du parti national-socialiste, et de l' « Orel Partei ».

Vieux pionniers ou néophytes du pangermanisme, tous mettent avec une ardeur égale les diverses circonstances de la vie publique à profit pour affirmer leurs doctrines. A ce point de vue, la période électorale d'octobre et de novembre 1920 a été un merveilleux champ d'activité ouvert à la propagande allemande. Celle-ci s'est efforcée de faire du scrutin un véritable referendum en faveur du Rattachement, que les candidats de tous les partis, sauf du parti chrétien-social, avaient inscrit en tête de leur programme. Les affiches, les convocations, les conférences, et les moindres incidents de la campagne électorale, ont été l'occasion de protestations véhémentes contre l'article du traité de Saint-Germain, et d'ardentes professions de foi pangermanistes.

La propagande allemande a, par cette réclame intense, atteint le but qu'elle s'était fixé. Et si les électeurs ont envoyé à l'Assemblée Nationale une majorité de chrétiens-sociaux, c'est parce que le programme de ce parti correspondait en général à leur idéal politique, et non, comme nous le verrons plus loin, parce qu'il était hostile au « Rattachement ».

2° En dehors des grands partis politiques, beaucoup d'associations et de groupements professionnels sont au service de la propagande allemande. L'*Alldeutscher Verband*, recruté parmi les membres du parti pangermaniste, l'association des anciens officiers de carrière, des étudiants, et d'une multitude d'autres professions, dépensent toute leur activité en faveur du rattachement. A chaque instant, de grandes manifestations ont lieu pour protester contre quelque événement fâcheux advenu à la cause pangermaniste, ou pour favoriser le triomphe de cette cause.

Il est impossible de mentionner ici toutes les réunions et tous les cortèges organisés, presque hebdomadairement, par les soins de la propagande allemande. A titre d'exemple, citons la manifestation qui s'est déroulée à Vienne, le 19 septembre 1920, et à laquelle prirent part plus de cinquante mille personnes, appartenant à l'*Alldeutscher Verband* et à diverses autres ligues. Après avoir parcouru, au chant du *Deutschland über Alles* et de la *Wacht am Rhein*, les principales rues de la ville, le cortège s'est massé sur la place de l'Hôtel de Ville. L'attaché militaire allemand, le Major von Schilling, a prononcé une allocution, au cours de laquelle il a déclaré : « Il « n'existe au monde qu'une seule Allemagne : la « grande Allemagne, composée de tous ceux qui « parlent le même langage. Toutes les affirmations

« contraires à ce principe sont des calomnies répan-
« dues par l'Entente », et il a conclu : « Mon pays
« attend, les bras grands ouverts, la venue des frères
« opprimés. »

Citons encore la retraite aux flambeaux organisée,
le 9 novembre, à Vienne, à l'occasion des fêtes de
Schiller, qui a donné lieu à des manifestations du
même ordre, et s'est également terminée par un discours pangermaniste. L'orateur a déclaré que l' « Au-
« triche était entourée de la haine mondiale, mais que,
« bientôt, elle ferait partie de la Grande Allemagne,
« et qu'aucun peuple alors ne pourrait plus lui
« résister. »

Enfin relevons les ovations enthousiastes qui ont
marqué à Vienne, le 16 mars 1921, le départ pour le
plébiscite de la Haute-Silésie de deux mille individus
originaires de ce pays et fixés en Autriche. Accom-
pagné d'une foule nombreuse, le Dr Straffner est allé
à la gare saluer au nom du parti pangermaniste « les
artisans de l'avenir du peuple allemand auquel le
peuple autrichien est fermement décidé à s'unir
bientôt ». Et le retour de ces électeurs, le 2 avril, a
été l'occasion de manifestations semblables.

Mais la manifestation la plus caractéristique est
celle qui a eu lieu le 17 avril 1921 à Vienne, où plusieurs milliers d'étudiants et de membres des ligues

pangermanistes sont venus protester sous les fenêtres de la Légation de France et d'Italie contre l'ultimatum tendant à faire cesser les menées en faveur
du rattachement et ont affirmé leur volonté inalté-
rable de s'allier à l'Allemagne.

La propagande allemande ne se traduit d'ailleurs
pas uniquement par des discours et des manifestations ; elle cherche aussi à obtenir des résultats plus
positifs. L'un de ses buts est d'éliminer, soit des
principales charges de l'État, — et nous verrons plus
loin comment elle y parvient souvent —, soit des
situations où l'on peut avoir une action quelconque
sur le public, tous ceux qui ne sont pas partisans du
« Rattachement ». Cette deuxième partie du programme se réalise grâce à la complicité de certains
fonctionnaires, ou à l'initiative des membres des
grandes ligues pangermanistes.

Le général Krauss, président de l'association des
anciens officiers de carrière, agent officiellement
rémunéré par Berlin, est personnellement intervenu
auprès du secrétaire d'État à la Guerre au moment
du recrutement de la nouvelle armée pour lui demander de donner, parmi les candidatures d'officiers

et de soldats, la préférence aux partisans de l'union à l'Allemagne ; et le Dr Deutsch, ministre social-démocrate alors en fonction, a accepté cette suggestion. Mais les prétentions de Krauss vont plus loin. — Un groupement d'anciens combattants (*Frontkaempfervereinigung*) s'étant formé, dans le but de défendre l'ordre en Autriche, et d'y relever l'esprit national, — il a invité son président à adjoindre à ce programme la lutte en faveur du Rattachement. Ayant essuyé un refus catégorique, le général a sommé *tous* les membres de sa ligue, entrés dans la *Frontkaempfervereinigung*, de démissionner, et il a donné le même mot d'ordre au président de l'association des étudiants. De plus, il s'est efforcé, par tous les moyens, de discréditer un groupement qui osait placer les intérêts purement autrichiens au-dessus des intérêts pangermanistes.

Ces quelques exemples, choisis entre mille, montrent la manière dont les Allemands utilisent pour la propagande le concours bénévole, ou largement rétribué, de leurs disciples autrichiens. Mais un tel concours est, malgré toute son activité, jugé insuffisant, et le « Reich » délègue en outre une nuée d'agents qui franchissent les frontières de Bavière, se répandent en Tyrol, dans la région de Salzburg, et vont, de là, jusqu'en Carinthie porter la bonne parole.

III

Les Allemands qui font ainsi de la propagande en Autriche, appartiennent aux classes de la société les plus différentes, et aux partis politiques les plus opposés. Cette diversité d'origine et d'opinions leur permet de s'introduire dans tous les milieux, et d'y poursuivre, avec des procédés différents, un but identique. Il est impossible de citer ici les noms et les agissements de tous ceux qui séjournent à Vienne, ou qui parcourent la province, soit dans un but avoué de propagande, soit sous un prétexte quelconque.

Les plus éloquents d'entre eux s'adressent généralement au public sous forme de conférences. Une question d'histoire ou de géographie, une découverte scientifique, ou la vulgarisation d'un procédé industriel nouveau, la solution d'un problème économique ou social, sont les sujets officiellement invoqués par l'orateur. Mais, aux applaudissements de l'assistance, l'entretien se termine invariablement par une allusion à la cruauté inacceptable des traités signés, un appel à la solidarité de tous les frères de race allemande, et le vœu d'une prochaine fusion dans une patrie unique.

Souvent aussi, l'activité des envoyés du « Reich »

se cantonne dans un domaine purement politique. Un numéro du *Times*, publié dans la seconde quinzaine de décembre 1920, signale le complot du colonel Bauer, ancien chef d'État-major de Ludendorff, qui voulait renouveler en Autriche et en Hongrie la tentative manquée de Kapp en Allemagne. Ce Bauer appartient à un groupe puissant et bien organisé, dont les assises sont en Bavière, et qui désire le retour de la monarchie, et la revanche prochaine.

Ludendorff, et la plupart des personnages marquants de l'ancien régime, en font partie, et détachent de nombreux agents à Vienne et à Budapest. Là, ceux-ci s'adressent aux anciens officiers et aux représentants des classes dirigeantes ; ils entretiennent en outre d'étroites relations avec les réfugiés de l'aristocratie russe. Le but des communs efforts est l'union de l'Allemagne et de l'Autriche, agrandie des territoires perdus au traité de Saint-Germain, et le rétablissement de la Hongrie et de la Russie dans leurs limites d'avant-guerre.

Parallèlement à cette action, et parce qu'il ne faut jamais miser sur une seule carte, l'Allemagne soutient financièrement la propagande du parti communiste et du parti social-démocrate autrichien, délègue des représentants à tous les congrès, et prépare une action du prolétariat, capable de se joindre, éventuellement, à la marche triomphante des bolchevistes russes contre les États d'occident.

Le « Reich » est ainsi armé pour toutes les éventualités. Que les circonstances politiques se maintiennent dans l'état actuel, qu'elles s'orientent, soit vers une réaction monarchique, soit vers le triomphe des partis extrémistes, ou encore — comme on l'escompte plus vraisemblablement à Berlin — que le retour d'un régime de force et d'ordre suive le succès éphémère des éléments de désordre, un résultat identique est poursuivi et doit être atteint : la destruction de la Pologne, l'anéantissement ou l'affaiblissement des nouveaux États européens, et la fondation de la « Grande Germanie ».

Mais l'esprit positif des Allemands ne saurait se contenter d'une simple campagne d'influence, ou de la préparation de diverses éventualités politiques. Il s'efforce en outre d'atteindre en Autriche des résultats immédiats, en organisant méthodiquement le pays, et en y créant des centres de propagande, prêts à recevoir leur mot d'ordre de Münich ou de Berlin : C'est à cette œuvre que s'emploie le *Heimatsdienst*.

On connaît cette vaste organisation, dont le but est d'entretenir, ou de développer, le sentiment national de tous les Allemands d'Allemagne ou de l'étranger, et dont les forces se sont groupées en Bavière sous le nom d' « Orgesch ». Patiemment, et méthodiquement, le *Heimatsdienst* a tendu sur les régions frontières, puis sur toutes les provinces autrichiennes, un vaste filet dont les mailles se resserrent chaque jour. Le Tyrol, et le pays de Salzburg, sont ainsi virtuellement devenus des provinces allemandes. En dehors des groupements militaires, dont nous parlerons plus loin, toutes les sociétés sportives y sont affiliées aux sociétés bavaroises ; le clergé reçoit des subsides des évêchés de Münich ou d'Augsbourg, et la plupart des établissements industriels ou de crédit sont sous la dépendance directe du « Reich ».

La Haute et la Basse-Autriche, la Styrie et la Carinthie, ont été envahies à leur tour. Dans cette dernière province, c'est le *Heimatsdienst* qui a pris la direction de la propagande au moment du plébiscite, et ce sont ses agents qui, parcourant infatigablement la région de Klagenfurt, ont contribué à détacher de l'État S. H. S. quinze mille sujets slovènes. Aussi les résultats du 10 octobre 1920 ont-ils été salués à Vienne et à Berlin comme une victoire allemande, et non comme une victoire autrichienne, et le Dr Simons faisant, dans un discours prononcé au Reichstag, allusion aux relations entre le « Reich » et la Yougo-Slavie, n'a-t-il pas craint de déclarer : « Il n'existe « actuellement dans nos relations qu'un seul point

« noir : c'est, la Carinthie. Cette province vient de
« se prononcer ouvertement pour l'Allemagne, et
« nous lui en sommes très reconnaissants ; mais
« ce fait crée, momentanément, une situation déli-
« cate. »

Le « plébiscite » du Tyrol a été préparé et organisé
de la même façon par les Allemands. Ce sont eux
qui ont fait mettre à la disposition des Tyroliens
résidant à Vienne, pour leur permettre d'aller voter,
quatre trains spéciaux, le 22 avril 1921, et c'est un
des leurs, le Professor Menghin, qui a distribué à
tous ceux qui ne pouvaient faire les frais du voyage
l'argent nécessaire.

Le *Heimatsdienst* a, dans chaque commune, un
représentant chargé de répandre les idées allemandes,
et de recueillir les candidatures des nouveaux adhé-
rents ; dans chaque chef-lieu de canton, un office et
un conseil de propagande. Le tout est centralisé au
chef-lieu d'arrondissement par un bureau dépar-
temental, qui reçoit lui-même ses directives de
l'« Office provincial ». On voit que rien ne manque
à cette organisation, qui est presque achevée en
Tyrol, dans le pays de Salzburg, et en Carinthie,
et en voie d'exécution dans les autres provinces.
Tous les efforts faits en faveur du rattachement sont
ainsi coordonnés et centralisés par les membres du

Heimatsdienst, et toute la propagande soumise à leur contrôle.

A cette vaste organisation, il manquait une force armée. Les Allemands se sont efforcés de la constituer. Ils ont contribué d'abord à la création et au développement des *Heimwehren* voisines de leurs frontières. A Innsbruck et à Salzburg, ils ont encouragé à ce point de vue les initiatives autrichiennes, soutenant financièrement les premiers groupements constitués, leur proposant des armes et le modèle de leurs propres organisations. Un officier bavarois reçut la mission de constituer la *Heimwehr* du Salzkammergut, à laquelle des équipements et des munitions furent expédiés de Münich, puis d'organiser de la même façon les *Heimwehren* des autres provinces.

Malgré le mystère dont ces opérations étaient entourées, le public finit par en être informé. Des indiscrétions inévitables avaient été commises ; des wagons ou des camions transportant des armes, arrêtés à la frontière. Cependant, l'organisation des *Heimwehren* autrichiennes fut poursuivie, et on voulut les fusionner dans une association unique, analogue à l' « Orgesch ». Un Bavarois, Kanzler, établit les plans de cette association qui prit le nom d' « Orgka ». Les Allemands s'efforcèrent d'en donner la direction à leur agent autrichien, le général Krauss. Mais cette tentative échoua.

Actuellement l'Orgka groupe non seulement toutes les *Heimwehren* d'Autriche, mais également celles de Bavière. Son centre est Münich, son chef Ludendorff. Pour éviter la saisie des armes par l'Entente, celles-ci ont été enlevées des dépôts et distribuées individuellement. De nombreux exercices de tir sont prescrits dans chaque canton pour les membres de l'association, qui tend à devenir de mieux en mieux organisée.

Ce rapide aperçu de la propagande allemande en Autriche était indispensable. Il montre d'abord comment les dirigeants de Berlin respectent l'article 80 du traité de Versailles. Il indique ensuite comment on entend le droit de « libre disposition des peuples », et de quelle façon on prépare les suggestions qui doivent être soumises à la Société des Nations.

Et quand on évalue les sommes que représentent l'acquisition de tous les journaux d'un pays, le soutien financier de différents partis politiques, et d'innombrables associations de toute espèce ; quand on songe qu'un effort pécuniaire du même genre a été fait en Haute-Silésie, et que, dans le monde entier, la propagande allemande ne recule devant aucun sacrifice, on comprend que le gouvernement du « Reich » ne trouve plus l'argent nécessaire aux réparations de nos régions dévastées.

Nous sommes placés ainsi en face d'un douloureux contraste. D'un côté, la France, écrasée sous le poids de ses charges de guerre, n'a pas les moyens de combattre une campagne d'opinion qui cherche à lui enlever, une à une, les sympathies de toutes les nations étrangères. De l'autre côté, l'Allemagne alimente sans compter cette campagne. Cependant il existe dans le monde beaucoup de gens pour douter de l'évidence même, et, se fiant aux déclarations angoissées des dirigeants berlinois, pour nier qu'un peuple aussi profondément ruiné puisse consacrer de telles ressources à sa propagande. Ces gens ignorent d'abord que la réclame est un excellent placement, et rapporte du 200 o/o. Ils oublient surtout que si les Allemands dépensent cet argent de si bon cœur, c'est qu'ils nous le doivent, et sont bien décidés à ne jamais nous le payer. Tandis qu'impuissants à les combattre, nous subissons les calomnies de la presse autrichienne ou de la presse de beaucoup d'autres pays, ils s'y taillent à nos frais une magnifique réclame, destinée à provoquer à bref délai la révision des traités, la réduction des indemnités, et le triomphe du pangermanisme !

CHAPITRE IV

L'OPINION ET L'ATTITUDE
DES ALLEMANDS
DANS LA QUESTION DU RATTACHEMENT

COMMENT ILS JUSTIFIENT LEUR PROPAGANDE
EN AUTRICHE.

LE grand danger de la propagande allemande en Autriche, c'est qu'elle cherche à provoquer un mouvement d'opinion destiné, avec les difficultés croissantes de la situation financière et économique, à se manifester, un jour ou l'autre, sous une forme particulièrement violente.

Ceux qui n'auront pas suivi, heure par heure, la création d'un semblable mouvement, croiront assister alors à l'explosion sincère d'un sentiment national, et peut-être les nations du monde entier estimeront-elles qu'on ne peut s'opposer plus longtemps à la volonté persistante d'un peuple. Ainsi, le « Reich », resté dans dans la coulisse, cueillerait les fruits de son adroite manœuvre, et réaliserait ses rêves d'agrandissement, sans qu'on puisse lui adresser d'autre reproche que d'exercer sur ses voisins une trop grande attraction.

Un tel succès serait en réalité trop facile. Les peuples qui ont imposé le traité de Versailles à l'Allemagne ont le devoir de rechercher comment celle-ci en respecte les clauses. Dans un discours, prononcé le 25 mars 1920 à la Chambre, M. Barthou signalait la mauvaise foi d'une nation qui, trois mois après s'être engagée à ne porter aucune atteinte à l'indépendance de l'Autriche, votait une Constitution où l'incorporation de ce peuple à l'Allemagne était prévue ([1]). Mais cet acte officiel est loin d'être un fait isolé, et si l'on voulait sérieusement arrêter la campagne en faveur du « Rattachement », ce n'est pas à Vienne, mais à Berlin qu'il faudrait frapper.

([1]) *Article 61 de la Constitution de Weimar* : « L'Autriche allemande recevra, après sa réunion à l'empire allemand, le droit de participer au Conseil d'Empire avec le chiffre de voix correspondant à sa population ; en attendant, les représentants de l'Autriche allemande ont voix consultative. »

Malgré la suprême habileté de leur propagande, les Allemands, soit pour stimuler le zèle incertain des Autrichiens, soit pour répondre à des questions que ceux-ci leur posent, sont souvent obligés de découvrir leur politique. Il ne peut être question de reproduire ici toutes les communications, ou toutes les démarches officielles, par lesquelles les dirigeants du « Reich » ont marqué combien l'acquisition de l'Autriche les intéressait. Les déclarations les plus récentes suffisent amplement à nous édifier à ce point de vue.

∼

Le 21 novembre 1920, le départ du professeur Ludo Hartmann, ministre d'Autriche en Allemagne, et pangermaniste notoire, a été l'occasion à Berlin d'une manifestation grandiose en faveur du « Rattache-ment ». Le chancelier actuel, l'ancien chancelier, les ministres, les députés, les plus hautes personnalités du monde scientifique et artistique, et les représen-tants des différents partis politiques, avaient été conviés par le président du Reichstag, Loebe, à une grande soirée d'adieu. Tous ont exprimé au Dr Hart-mann des sentiments identiques.

Le ministre badois Dietrich a évoqué « la tristesse

« et la pitié de tous les Allemands du Sud, à la vue de
« ces frères qui pensent et chantent comme eux, qui
« sont et veulent être allemands, et auxquels on refuse
« cette satisfaction ». Le professeur Hoetzsch, au nom
du parti national-allemand, a proclamé « le droit à
« l'union, droit éternel et historique que les peuples
« ont toujours possédé ». L'ancien chancelier Her-
mann Müller, parlant pour le parti social-démocrate,
a déclaré que son parti n'avait jamais abandonné la
cause pangermaniste, et « qu'une telle cause triom-
« pherait, quand bien même le monde serait rempli
« de diables ! » Puis le Dr Pfeiffer, député du centre,
et le Dr Mittelmann, représentant le parti du peuple
allemand, ont l'un et l'autre affirmé que la « cause du
Rattachement était irrésistible ». Tous les différents
orateurs ont abouti à la même conclusion : « L'Au-
« triche veut appartenir à l'Allemagne, elle veut cons-
« tituer le pont entre les peuples du Nord et ceux du
« Sud et du Sud-Est ; et l'on sera forcé de s'incliner
« devant cette volonté. »

Le Dr Hartmann, en qui les invités saluaient « une
« victime des ennemis du rattachement et de la
« Grande Allemagne », a conclu à son tour : « Depuis
« 1815, les peuples tendent vers le droit de libre élec-
« tion et de libre disposition, et le sentiment du
« rattachement est immortel, comme le peuple alle-

« mand lui-même », et il a lu la dépêche que venait de lui adresser l'ancien ministre des affaires étrangères, Brockdorff-Rantzau, retenu loin de Berlin : « Ce « sera pour moi une éternelle satisfaction d'avoir « posé avec vous les bases du « Rattachement ».

Cette manifestation est intéressante, parce qu'elle montre l'unanimité de tous les partis politiques allemands à servir la cause pangermaniste, et prouve combien la guerre a peu modifié les anciens errements.

Fréquemment, d'ailleurs, la question de la réunion de l'Autriche au « Reich » est agitée dans les cercles parlementaires.

Le 9 novembre 1920, « l'union allemande du travail », qui dépense toute son ardeur à préparer et à faciliter le « Rattachement », a adressé un mémoire aux députés de la nouvelle Assemblée nationale, leur signalant « l'impérieuse nécessité de présenter à la « Société des Nations, qui devait se réunir pour la « première fois le 15 novembre, la requête de l'Au- « triche : tendant à supprimer l'interdiction contenue « dans l'article 88 du traité de Saint-Germain, et à « autoriser sa réunion à l'Allemagne ». Et quelques jours plus tard, le 19 novembre, une motion a été déposée au Reichstag par les représentants de tous les groupes politiques, demandant la création d'une commission spéciale, « chargée d'entretenir l'idée du rattachement de l'Autriche à l'Allemagne ».

Le chancelier Fehrenbach déclarait récemment à des délégués Tyroliens que le rattachement était une « nécessité historique ». Le 16 janvier 1920, dans un manifeste rédigé à l'occasion du cinquantenaire de l'Empire, le président Ebert écrivait : « Nous devons « songer avec regret aux portions du territoire alle- « mand, qui, contre leur volonté, sont séparées de la « mère patrie, et tout particulièrement à la malheu- « reuse Autriche qui, de cœur, aspire à s'unir à nous, « comme nous souhaitons nous unir à elle. » Et le même jour, à Münich, le vice-chancelier Heinze pro- nonçait un grand discours politique, et déclarait, aux applaudissements de l'assistance : « Je m'associe avec « une compassion profonde à la détresse de l'Autriche, « et n'abandonne pas l'espoir de pouvoir saluer l'en- « trée de nos frères autrichiens dans le « Reich. »

Enfin, il peut être instructif, pour ceux qui envi- sagent l'éventualité d'une union séparée de l'Autriche et de la Bavière, et la création, à ce propos, d'une Alle- magne catholique du Sud, s'opposant à l'Allemagne protestante du Nord, de connaître les paroles prononcées, au milieu du mois de décembre dernier, par le chef du parti du centre au Reichstag : « Nous « sommes d'accord avec les pangermanistes pour pro- « clamer la nécessité du rattachement de l'Autriche à « l'Allemagne. Cette éventualité, loin d'affaiblir le « catholicisme autrichien, le fortifierait au contraire « en lui apportant l'appui du catholicisme allemand, « et le Vatican se montre favorable à ces projets. »

Si, en Tyrol ou en Salzkammergut, un certain nombre d'habitants souhaitent la création d'un État austro-bavarois, tous les Allemands, en revanche, sont unanimes à rechercher dans l'acquisition de l'Autriche une première réalisation de la « Grande Allemagne ».

Nous avons vu comment les membres du *Heimats- dienst* s'employaient à cette œuvre. *Le Deutsche Schützbund* a également fondé une ligue, chargée de soutenir les revendications des Allemands à l'étranger, qui comporte une section spécialement consacrée à la cause du « Rattachement ». A Berlin, le parti « national du peuple allemand » a formé un comité analogue, et, le 7 décembre 1920, il a convoqué ses membres à une grande démonstration en faveur de la réunion de l'Autriche à l'Allemagne. Un député, le conseiller Laverrenz, a pris la parole, et a déclaré que « la né- « cessité du Rattachement s'imposait de plus en plus « à l'esprit des Allemands, et qu'en dehors des organi- « sations du « parti national du peuple allemand » et « du parti du « peuple allemand », d'autres groupe- « ments — politiques ou non — s'occupaient de « cette question ».

A chaque instant, l'opinion des plus hautes personnalités allemandes au sujet du « Rattachement » est exposée dans les journaux de Vienne. Tantôt c'est Ludendorff, disant à l'occasion de l'anniversaire de Sedan : « J'espère que nos frères autrichiens trouveront « bientôt, malgré Versailles, leur avenir dans l'empire « allemand. » Tantôt c'est le Dr Pfeiffer, député du Reichstag, qui déclare : « Toutes nos paroles et tous nos écrits tendent infatigablement à provoquer le Rattachement. » Tantôt c'est Hauptmann, aux yeux duquel « quiconque ne veut pas la réunion de l'Au- « triche à l'Allemagne n'est pas digne d'être Alle- « mand ».

Il est inutile de multiplier de tels exemples. Tous concourent à démontrer que le peuple allemand comprend unanimement la nécessité d'annexer l'Autriche. Les opinions ne diffèrent que sur l'opportunité de cette annexion. Les uns sont pour le rattachement immédiat, les autres préfèrent attendre des circonstances économiques plus favorables. Cette dernière thèse est celle que préconisent les chrétiens-sociaux des deux pays. En saluant le succès obtenu aux dernières élections par les camarades autrichiens, la « Mittelrheinische Volkszeitung », grand journal catholique des pays rhénans, s'exprimait ainsi : « Les « élections autrichiennes ont une importance capitale « pour l'Allemagne. En effet, nous souhaitons tous « le rattachement, et celui-ci s'accomplira d'autant « plus vite que les conditions politiques et économiques des deux pays seront améliorées. Cela n'a « pas de sens de placer un malade dans le lit d'un « autre malade. L'union de l'Autriche et de l'Allemagne sera véritablement féconde lorsque les difficultés de la politique intérieure auront disparu. »

Les sentiments réels du peuple allemand ont été parfaitement résumés par un économiste connu : le Dr Stefan Gruss, dans une brochure éditée au « Spiegel ». « Le rattachement, dit-il entre autres, doit être « universellement désiré, et économiquement accompli, avant de devenir effectif. Nos compatriotes « se trompent quand ils concluent à l'impossibilité « pour l'Autriche de vivre, si elle n'est pas réunie à « l'Allemagne. *L'Autriche peut vivre sans nous, mais* « *elle deviendrait alors une colonie de l'Entente, et,*

« *comme elle constitue le pont de l'Allemagne vers l'Est,*
« *nous ne devons pas admettre cette solution. La posses-*
« *sion de Vienne nous est plus nécessaire que celle de*
« *Constantinople. Pour l'Allemagne, renoncer à Vienne,*
« *c'est renoncer à elle-même.* »

De tels aveux sont symptomatiques. Ils nous éclairent définitivement sur le prétendu désintéressement du « Reich », et expliquent l'acharnement de sa propagande en Autriche, qui, aux yeux du gouvernement et du peuple allemand tout entier, tend à réaliser un but national.

CHAPITRE V

CIRCONSTANCES POLITIQUES
QUI ONT FAVORISÉ
LA PROPAGANDE ALLEMANDE
EN AUTRICHE

I. — LA POLITIQUE DU GOUVERNEMENT ET L'OPINION
PUBLIQUE AUTRICHIENNE. — LES TENDANCES SÉPA-
RATISTES DES PROVINCES ET LES ENCOURAGEMENTS
DE L'ALLEMAGNE.

II. — LE PARTI SOCIAL-DÉMOCRATE ET LA CAUSE PAN-
GERMANISTE.

EN dépit de toute son activité, jamais la propagande allemande n'aurait obtenu les résultats
décisifs auxquels elle est parvenue en Autriche, sans
un concours de circonstances politiques et économiques tout à fait exceptionnel. Sa grande habileté a
été d'exploiter ces circonstances, et de fonder, sur le

mécontentement et la misère d'un peuple, les bases
de l'édifice pangermaniste.

II

On sait qu'au mois de novembre 1918 un gouvernement, dit « de coalition », s'était installé à Vienne.
La plupart des nouveaux dirigeants appartenaient à
ce parti social-démocrate vers lequel les électeurs
autrichiens, rendant les conservateurs responsables
du désastre de l'empire, s'étaient désespérément
tournés. Mais les tendances nettement communistes
de plusieurs ministres, leur sympathie ou leur faiblesse à l'égard des conseils d'ouvriers et de soldats,
dont les procédés arbitraires exaspéraient la population, et une politique de gouvernement, fondée sur
des intérêts de parti beaucoup plus que sur les nécessités nationales, modifièrent rapidement les sentiments
du pays. En quelques mois, les sociaux-démocrates
perdirent une grande partie de leur prestige, et ne
conservèrent une réelle influence qu'à Vienne et dans
les centres ouvriers. Quant aux campagnes, dont les
convictions socialistes n'avaient jamais été bien profondes, elles se prirent à regretter le régime qui, jadis,
savait assurer l'ordre et la tranquillité, et manifes-

tèrent ouvertement leur antipathie à l'égard du gouvernement actuel.

Tout en conservant le pouvoir et la majorité à
l'Assemblée nationale, les sociaux-démocrates se
trouvèrent ainsi, très rapidement, mis en minorité
dans l'opinion publique. Il en résulta un phénomène très curieux. Les provinces, auxquelles la constitution provisoire accordait une large autonomie,
échappèrent presque entièrement à l'autorité du pouvoir central. Certains gouverneurs, soutenus par leurs
administrés, refusèrent systématiquement d'exécuter
les instructions venues de Vienne, et les limites de leur
district se fermèrent aussi étroitement que les frontières des États étrangers. En face d'une semblable
attitude, le gouvernement restait impuissant ; il dut
bientôt constater que son autorité ne s'étendait pratiquement pas au delà de la capitale.

Ce conflit se traduisit par une recrudescence de
misère à Vienne. Sans doute, cette ville n'espérait pas
trouver, dans des campagnes déjà assez mal pourvues,
toutes les ressources nécessaires à ses besoins. Mais
elle était en droit d'escompter un secours qui lui fit
totalement défaut. Dès le printemps 1919, lorsque les
journaux du monde entier attiraient la pitié de leurs
lecteurs sur les souffrances de la population viennoise,
et à l'heure même où les pays étrangers s'efforçaient

de remédier, par des envois de vivres, à une misère qui n'était que trop réelle, les provinces autrichiennes refusaient de s'associer à cette œuvre, et boycottaient systématiquement leur capitale.

Ce n'était pas là une manifestation de pur égoïsme. Vienne, siège d'un gouvernement ouvertement favorable aux bolchevistes russes et hongrois, centre des intrigues communistes et des menaces révolutionnaires, apparaissait aux yeux du paysan laborieux, attaché à ses institutions et à sa terre, comme une cité maudite. Il ne voulait y envoyer ni ses produits agricoles, ni son argent, dont le plus clair aurait été distribué en secours de chômage à des grévistes impénitents. Peu à peu, l'hostilité des campagnes s'accentua. Trouvant en elles-mêmes les ressources nécessaires à leur existence, les provinces songèrent à briser le lien fragile qui les reliait encore au pouvoir central, et à proclamer leur indépendance. Ce mouvement séparatiste prit naissance dans les centres les plus éloignés de la capitale, comme le Tyrol et le Vorarlberg, puis gagna le Salzkammergut et les pays voisins. « Los von Wien » ! (Rompons avec Vienne), telle était la formule universellement adoptée.

Les Allemands surent merveilleusement exploiter ces circonstances. Partout, sauf dans le Vorarlberg, que sa situation géographique orientait naturellement vers la Suisse, ils encouragèrent les tendances séparatistes, en les doublant d'aspirations pangermanistes, grâce à une rapide propagande. La formule : « Los von Wien ! » se compléta bientôt de « Anschluss an Deutschland » (Rattachement à l'Allemagne). La seconde formule bénéficiait du succès de la première. Les provinces avaient en effet pour le « Reich » une sympathie très relative ; seulement, on leur avait persuadé qu'en restant isolées elles ne pourraient subsister, et, qu'elles trouveraient au contraire dans l'union avec un grand pays la sécurité et les ressources qui leur manquaient. Et ainsi, la haine contre Vienne et ses tendances bolchevistes jeta tout naturellement les campagnes autrichiennes dans les bras de l'Allemagne. Celle-ci, sans se faire aucune illusion sur le succès des manœuvres séparatistes, y trouvait quand même son avantage. Elle en profitait pour s'attirer à peu de frais les sympathies successives des provinces, et, sachant bien que ces sentiments, soigneusement entretenus, lui resteraient acquis, elle y voyait le gage d'un futur plébiscite en sa faveur.

∾

La propagande séparatiste allemande n'a été nulle part plus active qu'en Tyrol. Cette région, dont les ressources agricoles sont très restreintes, se trouve au contact immédiat des plaines fertiles de la Bavière, tandis que sa seule liaison avec la capitale est un couloir improductif de 600 kilomètres. Aussi n'a-t-il pas été difficile d'inciter les habitants à regarder vers Münich, plus volontiers que vers Vienne. La religion, l'attachement au sol, et un orgueil de race, très développé chez ces paysans montagnards, ont été également exploités pour les détacher d'un gouvernement dont les principes s'opposaient à de semblables sentiments.

Dès le 3 mai 1919, le Landtag d'Innsbruck décide que « le Tyrol, au cas où sa partie méridionale serait « cédée à l'Italie, n'aurait pas d'autre ressource, pour « pouvoir subsister, que de se rattacher à la république « allemande ». La publication des clauses du traité de Saint-Germain confirme ces intentions, et, au début du mois de décembre, le Landtag adopte la résolution suivante : « Le « Landesrat » (Conseil de la « Diète) demandera au gouvernement central, dans « le but de sauver le pays de la ruine, de soumettre « au Conseil Suprême le projet d'une union immé- « diate du Tyrol à l'Allemagne, et procédera en même « temps aux préparatifs que nécessite cette union. »

La proposition ayant été rejetée, la propagande allemande continue de plus belle. Elle fonde des groupements d'ouvriers et de paysans, et un comïté central d'union, dont le but est de travailler au rattachement. Elle active la campagne pangermaniste des journaux, particulièrement des *Innsbrucker Nachrichten* et fait circuler dans tout le pays des feuilles d'adhésion au « Reich », qui recueillent la signature de 90 o/o des habitants.

Le 2 avril 1920, trois délégués tyroliens, Abram, Schmidt, et Stampf, apportent au chancelier le résultat de cette consultation populaire, et lui renouvellent la demande formulée au mois de décembre. Le Dr Renner répondant qu'il doit s'en tenir à la lettre du Traité signé, les délégués essayent d'obtenir une audience des différents représentants de l'Entente à Vienne, mais ne sont reçus nulle part. Cet échec ne décourage pas les Tyroliens, qui se déclarent dorénavant « libérés vis-à-vis du gouvernement autri- « chien ».

Depuis cette époque, les tendances séparatistes du Tyrol ont été soigneusement entretenues, et toutes les occasions mises à profit pour les développer. C'est ainsi que les 19, 20 et 21 novembre 1920, les pangermanistes ont voulu organiser une grande manifestation à l'occasion du tir national d'Innsbruck. Plusieurs milliers de tireurs bavarois, membres de l'Orgesch, devaient se joindre aux Heimwehren locales, et consacrer officiellement l'union du Tyrol et de la Bavière. Mais les sociaux-démocrates de Vienne, prenant ombrage de ces projets, où ils voyaient la poursuite de plans monarchistes, déclarèrent que le peuple autrichien tout entier souhaitait le rattachement à la république allemande, mais n'entendait pas s'associer à une manœuvre destinée à restaurer les Wittelsbach. Cette opposition réduisit beaucoup l'ampleur de la manifestation d'Innsbruck, à laquelle deux cents Bavarois seulement prirent part, mais qui donna lieu cependant à d'ardentes professions de foi pangermanistes. La fête fut clôturée par un discours du gouverneur Schraffl, qui fit appel à « cette unité « nationale du peuple allemand, depuis Salurn ([1]) « jusqu'à la mer Baltique, que rien ne pourra empê- « cher ».

Enfin le Landtag d'Innsbruck a, dans le courant du mois de février 1921, adressé une requête au chancelier autrichien pour lui demander l'autorisation de procéder en Tyrol au plébiscite en faveur du rattachement. Cette requête ayant été rejetée, le Landtag a, dans sa séance du 15 mars dernier, décidé qu'il se passerait de la permission, d'ailleurs inutile,

---

([1]) Village situé à la pointe méridionale du Tyrol du Sud.

du gouvernement, et qu'il inviterait la population à
se prononcer le 24 avril 1921 prochain pour ou
contre l'union à l'Allemagne.

Le pays de Salzburg, qui se trouve au contact immédiat de la Bavière, a vu, comme le Tyrol, ses tendances séparatistes encouragées par les émissaires du
« Reich ». Sous les auspices de ceux-ci, un parti,
Deutsch freiheitlich, s'est fondé, pour travailler au
rattachement de la province à l'Allemagne. La propagande a exploité des raisons historiques, rappelant
que le pays de Salzburg faisait, il y a cent ans, partie
de la Bavière, et était ainsi plus allemand qu'autrichien.
Puis surtout elle a fait valoir des raisons économiques,
affirmant que ces régions, artificiellement divisées,
ne constituaient qu'un seul territoire agricole. Par
exemple, si le bétail naît facilement sur les pentes du
Salzkammergut, on ne peut, en revanche, l'engraisser
que dans la plaine de Münich, et de telles conditions
exigent l'abolition des frontières.

Les habitants se sont laissé aisément convaincre.
Traditionalistes et respectueux des hiérarchies sociales, ils subissent l'influence des prêtres, des fonctionnaires, et des bourgeois. Or, ceux-ci, terrorisés par

les menaces communistes du gouvernement de Vienne, ont cherché à tout prix à s'en libérer, et ont été naturellement les auxiliaires les plus zélés de la cause séparatiste. On retrouve dans le pays de Salzburg une suite de manifestations identiques à celles du Tyrol, et la dernière décision du Landtag local prescrit la nomination d'une « Anschlusskommission », comptant deux membres de chacun des partis politiques, et chargée d'entreprendre tous les travaux préparatoires au « Rattachement de la province à l'Allemagne. ».

Moins facilement, à cause de l'éloignement de ces provinces, mais avec une égale activité, les tendances séparatistes ont été exploitées en Haute et en Basse-Autriche, en Styrie et en Carinthie, par la propagande allemande. Or, phénomène curieux, et qui montre la complicité des deux gouvernements, jamais de tels procédés n'ont soulevé la moindre difficulté entre Vienne et Berlin. Tandis qu'au début de décembre 1919, la presse autrichienne reprochait amèrement à la Suisse d'encourager le Vorarlberg à demander son admission dans la Fédération helvétique, tandis que le chancelier Renner, insuffisamment rassuré à ce sujet par les déclarations du « Bundesrat » Calender, réclamait l'appui du Conseil suprême, par contre journaux et dirigeants ont toujours feint d'ignorer les agissements de l'Allemagne.

En réalité, tout le monde connaissait fort bien la part prise par le « Reich » dans les manœuvres séparatistes. Mais la presse approuvait pleinement cette attitude, et le gouvernement autrichien, unanimement favorable au rattachement, savait que l'annexion d'une ou de deux provinces par l'Allemagne déterminerait fatalement l'annexion du pays tout entier.

II

Avec le temps, le malentendu, qui existait dès l'origine entre la population autrichienne et le gouvernement, s'accentua. On reprochait à celui-ci de couvrir les nombreux attentats à la liberté individuelle commis par les « travailleurs », d'accueillir favorablement les révolutionnaires de toutes nationalités, et de prolonger l'anarchie du pays, en ne prenant aucune mesure de salubrité économique ou financière. Confondu avec le parti social-démocrate dont il était issu, le pouvoir central jouait, vis-à-vis des provinces autrichiennes, le rôle d'épouvantail. Toutes s'efforçaient de lui échapper, et tombaient dans le piège tendu de l'amitié allemande.

A la même époque, ceux qui faisaient ainsi le vide autour de Vienne, regardaient également du côté de Berlin. L'échec de leur dictature avait en effet édifié les sociaux-démocrates sur l'avenir politique qui les attendait en Autriche. Sentant diminuer leur popularité, ils rêvèrent de trouver dans un vaste État allemand un champ d'expériences digne de leur activité, et suivirent la voie marquée par un de leurs chefs : Otto Bauer, dont l'orgueil de parti et l'ambition personnelle avaient fait un des premiers apôtres du rattachement. Ils consacrèrent désormais à cette cause la même ardeur que les pangermanistes, et le gouvernement, tout en affirmant sa volonté de déférer aux désirs du Conseil suprême, poursuivit en réalité une politique qui devait hâter la nécessité d'un appel au « Reich ».

Ainsi, les sociaux-démocrates autrichiens, quelques mois après la création de leur parti, adoptaient les mêmes conceptions pangermanistes que les sociaux-démocrates allemands. Création d'un vaste champ d'expériences syndicales, union des revendications prolétariennes : telles sont les excuses officiellement données à cette étrange interprétation des principes internationaux. En réalité, ouvriers allemands et ouvriers autrichiens escomptent, dans la constitution d'une grande Allemagne, des avantages matériels considérables. Une écrasante supériorité de personnel et d'outillage leur assurerait, avec la suprématie industrielle, des salaires élevés ; tandis que, travaillant à leur profit, les camarades des petits États voisins, tôt ou tard économiquement asservis, devraient se contenter d'une paye réduite.

Cet égoïsme du prolétariat allemand, qui frappe tous ceux qui ont eu l'occasion de l'étudier de près, explique comment les socialistes ont voté les crédits de guerre, soutenu jusqu'au bout les exigences du pangermanisme, et pourquoi ils font, aujourd'hui encore, cause commune avec ce parti. Il semble que les généreux champions des revendications internationales oublient facilement ces détails. Et lorsque la délégation française au Congrès socialiste international, qui s'est ouvert à Vienne le 23 février dernier, concluait à la nécessité absolue du rattachement, et s'engageait à faire de la propagande dans ce sens, il semble que, aveuglée par la crainte de notre propre « impérialisme », elle perdait de vue le danger de l'impérialisme allemand. Sincère ou non, M. Longuet n'en favorisait pas moins directement les intérêts de nos ennemis et une invitation à déjeuner à l'ambassade d'Allemagne à Vienne a marqué tout le prix qu'on attachait à son concours.

∽

Mouvement séparatiste des provinces désireuses d'échapper au pouvoir du parti social-démocrate, adoption par ce parti lui-même des plans pangermanistes, telles sont les circonstances politiques exceptionnelles, qui, par des voies différentes, ont également servi à la propagande allemande en Autriche.. Dans la crainte des uns, dans les intérêts particuliers des autres, on cherche en vain un élan de sympathie véritable !

CHAPITRE VI

CIRCONSTANCES ÉCONOMIQUES QUI ONT FAVORISÉ LA PROPAGANDE ALLEMANDE EN AUTRICHE

PEUT-ÊTRE les circonstances économiques ont-elles, mieux encore que les circonstances politiques, favorisé la propagande allemande en Autriche. On sait la détresse dans laquelle ce pays s'est trouvé plongé au lendemain de la guerre. La rareté des vivres, le manque de charbon, la difficulté d'acquérir les vêtements et tous les articles de première nécessité, coïncidant avec une puissance d'achat sans cesse diminuée de la couronne, y ont transformé l'existence en un problème presque insoluble. A cette misère il était difficile de trouver un remède pratique. En revanche, les solutions théoriques, aussi longtemps qu'elles s'écartaient du domaine des réalités, avaient des chances de succès extraordinaires.

La propagande allemande a parfaitement compris cette distinction. A la manière de certains candidats dans leur programme électoral, elle a multiplié les promesses, faisant de l'union à l'Allemagne la panacée universelle, et affirmant aux Autrichiens que tous leurs maux disparaîtraient avec elle. Comme, d'autre part, le gouvernement ne tentait aucun effort sérieux pour améliorer la détresse économique et financière du pays, l'attraction exercée par le « Reich » a grandi de jour en jour, et le désir du rattachement est devenu une idée fixe dans toutes les classes de la population.

Tout le monde connaît la triste situation de l'Autriche. Plusieurs ouvrages l'ont mentionnée ; les journaux de tous les pays lui ont consacré de nombreux articles ; et les orateurs politiques, soit au moment de la ratification du traité de Saint-Germain, soit dans d'autres circonstances, l'ont exposée en détail à la tribune des différents parlements. Ce pays a connu un désastre unique dans l'histoire. Non seulement il a vu sombrer son empire et le souvenir de toutes ses gloires passées, non seulement il a, du jour au lendemain, perdu les sept huitièmes de son territoire, mais les provinces auxquelles il a dû renoncer ainsi, et qui renfermaient la plupart de ses ressources agricoles, de ses industries, et des richesses de son sous-sol, sont devenues ses ennemies, et lui ont été hermétiquement fermées. On a parfois comparé le sort de l'Autriche à celui d'un homme très riche subitement réduit à un revenu modeste. Cette comparaison se vérifiera surtout dans plusieurs années. Pour le moment, l'Autriche fait plutôt penser au propriétaire d'une vaste exploitation agricole, auquel on ne laisserait un beau jour que son château et son jardin anglais, sans lui permettre de chercher, aux environs ou dans ses anciens domaines, les ressources qui lui manquent.

C'est la répartition inégale des ressources sur son territoire d'avant-guerre, plutôt que la perte de ses provinces qui a causé le malheur de l'Autriche, car, en la privant totalement de certains produits et de certaines matières indispensables, elle lui a rendu souvent la possession des autres inutile.

Si de grands établissements, tels que les usines Skoda, sont passés entièrement entre les mains de l'étranger, ne conservant en Autriche qu'une représentation insignifiante, beaucoup d'autres ont été par contre morcelés. La plupart des usines de la région viennoise terminaient les articles, dont les matières premières étaient réunies et préparées dans des succursales de Galicie ou de Bohême. Aujourd'hui, une barrière infranchissable sépare les unes des autres. L'outillage industriel, correspondant à l'importance des ressources de l'ancien empire, subsiste seul : il n'y a plus ni charbon, ni matières premières. Des tarifs prohibitifs empêchent désormais les manufactures centrales d'acheter au dehors les produits nécessaires à leur alimentation, et les vouent le plus souvent à la faillite.

L'Autriche ne peut songer en effet à trouver sur son propre sol les ressources qui lui manquent. A tous points de vue, aussi bien pour les produits agricoles que pour les matières industrielles, elle est, et demeurera longtemps, tributaire de l'étranger.

Essentiellement montagneux, couvert, depuis le lac de Constance jusqu'au Wiener-Wald, par la chaîne des Alpes, et ne possédant en plaine que le Marschfeld et les vallées du Danube et de la Leitha, le territoire autrichien actuel est un pays d'élevage plutôt que de culture. Un cinquième seulement du sol est ensemencé. Les terres mal exploitées, manquant de main-d'œuvre et d'engrais, ont un rendement très médiocre (moins de dix quintaux à l'hectare en moyenne pour le blé). Certaines productions, telles que celle de la pomme de terre, ont notamment diminué par suite de la rareté des vivres, qui a provoqué la consommation des pommes de terre de semence. L'élevage lui-même, ressource principale du pays, traverse une crise profonde due à l'abat prématuré du bétail.

L'Autriche est ainsi obligée d'importer annuellement environ 350.000 tonnes de farine, 25.000 tonnes de viande, 115.000 tonnes de sucre, 5.000 tonnes de lait, 40.000 tonnes de graisse, 46.000 tonnes de légumes secs. A elles seules, ces importations grèvent lourdement le budget, puisque, pour le simple achat de la farine et des succédanés, il faut compter une dépense de près de 50 milliards de couronnes par an.

Si l'on songe qu'au point de vue industriel l'Autriche est encore plus désavantagée, qu'elle a perdu pour ainsi dire la totalité de ses anciennes mines de charbon (99, 97 o/o), la plupart de ses différentes ressources minières, toute son industrie jadis florissante de la laine et de la soie, et que sa détresse financière lui interdit la transformation indispensable de son ancien outillage, on comprend le désarroi dans lequel ce pays se trouve plongé.

Cependant, objecte-t-on souvent, certaines nations, comme la Suisse, possèdent encore moins de terres cultivées ; beaucoup d'autres également souffrent du manque de charbon et de matières premières, et toutes ces nations vivent. C'est indiscutable. Seulement, de tels pays ont réalisé depuis longtemps leur forme actuelle, et constituent un tout homogène. Peu à peu, au prix des efforts et des tâtonnements de nombreuses générations, ils ont édifié le régime économique qui leur était propre, et ont définitivement atteint leur équilibre national. Une secousse intérieure, un sacrifice territorial ou financier peuvent les faire chanceler, mais non les abattre.

En Autriche, au contraire, il faut tout improviser, tout renouveler. Et quel est le peuple chargé d'accomplir cette tâche immense ? C'est un peuple diminué moralement, auquel les épreuves et les défaites ont enseigné le fatalisme plus que l'esprit d'initiative, et c'est surtout un peuple diminué physiquement, parce qu'il a faim.

Il ne faut donc pas s'étonner outre mesure s'il hésite, et s'effraie en face de l'avenir. Dans quelques années sans doute, revenu de sa stupeur, il prendra son parti d'événements que nul, plus que lui-même, n'a provoqués, et s'efforcera d'atteindre, avec les ressources importantes qui lui restent, un nouvel équilibre national. Mais l'étape sera pénible à franchir. Jusque-là, il faudra rendre à la vie et soutenir l'Autriche agonisante, et, surtout, la guider et lui montrer nettement sa voie.

Ce qu'on peut justement reprocher au gouvernement de Vienne, c'est de n'avoir longtemps esquissé aucun effort pour améliorer sa déplorable situation. D'autres auraient, tout en attirant l'attention de l'étranger sur la diversité et la difficulté des problèmes à résoudre, essayé d'en aborder au moins quelques-uns. Mais lui n'a rien fait de semblable. Et, depuis la révolution jusqu'aux élections du 16 octobre 1920, on chercherait en vain dans le programme intérieur de l'Autriche un seul essai d'économie, ou la prescription de quelque réforme utile.

En réalité, le gouvernement social-démocrate qui était alors au pouvoir a pratiqué une politique de parti, et a songé uniquement à se ménager des voix. S'il s'est empressé de congédier tous les officiers de l'armée impériale, il a, en revanche, conservé un nombre de fonctionnaires égal à celui de l'ancienne Autriche, c'est-à-dire d'un pays huit fois plus étendu et plus peuplé ! Et il est resté sourd à toutes les réclamations faites à ce sujet, soit dans la presse, soit à la tribune de l'Assemblée nationale, soit, plus tard, par les membres de la Commission des Réparations. Le budget d'un pays ruiné a dû supporter une dépense annuelle de près de six milliards, pour sauvegarder la popularité des dirigeants.

Avec la *Wehrmacht*, la même histoire s'est renouvelée. Le traité de Saint-Germain imposait à l'Autriche une armée de métier, d'un effectif maximum de 30.000 hommes. Mais tous les gens de bon sens estimaient que ce maximum n'avait nullement besoin d'être atteint, et que quelques bataillons, appuyés par la police et la gendarmerie, suffiraient à main-tenir l'ordre dans le pays, sans l'écraser de nou-velles charges militaires.

Tel n'a pas été l'avis du gouvernement. Il a écarté, une fois encore, toutes les observations et toutes les pétitions, et a exigé l'effectif maximum autorisé. Son but était de caser tous les soldats de la *Volkswehr* (armée provisoire constituée par les socialistes) dans la nouvelle armée, et de faire de celle-ci une force au service du parti social-démocrate, capable de lutter au besoin contre la gendarmerie et la police, qu'on suspectait d'attachement aux partis bourgeois. Ce programme a été ponctuellement réalisé par le Dr Deutsch, secrétaire d'État à la Guerre. La plupart des soldats de la « Wehrmacht » sont affiliés au parti communiste, et on les voit aujourd'hui se mêler à toutes les manifestations organisées contre les pou-voirs publics, et dont certaines ont un programme nettement révolutionnaire. Un tiers de la gar-nison de Vienne a quitté sans autorisation ses casernes le 25 février dernier, et, musique en tête et drapeaux rouges déployés, a défilé devant les membres du Congrès socialiste international, émerveillés à la vue de cette armée « vraiment démocratique ». Cette fantaisie de l'ancien gouvernement a valu à l'Autriche un budget de la guerre de plus d'un milliard, et une armée qui, loin d'être le soutien de l'ordre public, est prête à soutenir les plus violentes revendications des partis extrémistes.

Au point de vue social, le gouvernement, au lieu de favoriser par de sages mesures la reprise du travail et le relèvement économique du pays, s'est seulement préoccupé de satisfaire les ouvriers. Dans ce but, il a fait voter la loi de huit heures qui, avec la nonchalance autrichienne, équivaut à la loi de six heures, et il a ajouté, aux innombrables jours fériés de l'ancienne monarchie, quelques anniversaires marquants du nouveau régime. De plus, il a fait perdre à beaucoup de gens le goût du travail en adoptant le principe d'importants secours de chômage. Ces secours étaient, au printemps 1919, de 25 couronnes par jour. Un salaire moyen étant de 40 couronnes, la plupart des ouvriers préféraient gagner 15 couronnes de moins sans rien faire, et abandonnaient l'usine. Enfin, en encourageant sans cesse les revendications syndicales, et en provoquant ainsi la hausse constante des salaires et du prix de la vie, en instituant le droit de contrôle des employés sur le chiffre d'affaires des patrons, et en menaçant toutes les grandes entreprises d'une socialisation imminente, le gouvernement a créé un malaise général, et a découragé les rares initiatives qui cherchaient à réparer le désastre de l'industrie autrichienne.

Cette politique a eu, dans le commerce, des conséquences identiques. Ne trouvant auprès des pouvoirs publics aucun encouragement et aucun appui, n'osant, à cause de l'insécurité de l'avenir, entreprendre d'opérations à long terme, beaucoup de négociants se sont retirés des affaires. Ils ont été remplacés par des « Schieber », mercantis de bas étage, désireux de réaliser dans le minimum de temps le maximum de bénéfices, et contribuant, par leurs procédés, à précipiter la ruine de leurs compatriotes.

Enfin, tandis que les dirigeants autrichiens proclamaient, dans toutes les capitales étrangères, que leur pays ne pouvait subsister, ils se gardaient de prendre aucune mesure susceptible d'augmenter ou d'améliorer les ressources nationales. Des provinces, peu cultivées au temps où les riches plaines de Bohême ou de Hongrie suffisaient à nourrir tout l'Empire, le furent encore moins lorsqu'elles devinrent l'unique patrimoine de l'Autriche ; et près de 400.000 hectares, ensemencés en 1914, étaient en friche en 1919. Au lieu de désigner ce champ d'activité aux innombrables chômeurs viennois, au lieu d'encourager les efforts des propriétaires, de préconiser le perfectionnement des procédés agricoles et l'emploi des différentes espèces d'engrais, au lieu de chercher, en un mot, à tirer de son propre sol tout ce qu'il était suseeptible de lui fournir, le gouvernement autrichien s'est contenté de faire appel aux secours étrangers.

Il a fait mieux encore. Délibérément, il a fermé pendant plusieurs mois à la population la contrée qui assurait une grande partie de son ravitaillement : la Hongrie. On sait que ce pays, très riche au point de vue agricole, envoie en Autriche de nombreuses denrées, et lui achète en retour des objets manufacturés.

Les échanges sont facilités par un taux presque identique de la couronne, et ce sont eux seuls qui permettent à Vienne, et aux grandes villes de province, de subsister. Mais, au printemps 1920, le gouvernement de Budapest eut, vis-à-vis des disciples de Bela-Kun et des socialistes en général, une attitude jugée trop sévère, et encourut pour ce fait l'excommunication de l'internationale des travailleurs. Solennellement, un manifeste, daté d'Amsterdam, proclama le boycott de la Hongrie, mais aucun peuple voisin n'en tint compte, et Roumains, Tchèques, Polonais, et Yougo-Slaves, continuèrent leurs échanges comme par le passé. Seul, le gouvernement autrichien s'empressa d'obéir, et d'arrêter entièrement le trafic au delà de la Leitha. On devine les conséquences. Elles furent désastreuses pour la population, qui protesta vainement contre des mesures dont elle était la première à souffrir. Ce ne fut que beaucoup plus tard, devant les réclamations réitérées de la classe ouvrière, que les relations purent enfin reprendre.

On croit rêver en face d'un tel spectacle, et quand on voit un gouvernement implorer la pitié des Américains, des Anglais, et des Français, pour un peuple que lui-même sacrifie froidement à de problématiques intérêts de parti !

Au mois de novembre 1920, la Commission de Réparations a dû rédiger une note, invitant le chancelier à désigner aux membres de l'Assemblée nationale un certain nombre de réformes urgentes, telles que : la mise en culture immédiate des terres en friche, la reconstitution du cheptel par l'interdiction de l'abat prématuré, l'utilisation des forces motrices naturelles, et la création d'une commission des économies, chargée de supprimer tous les fonctionnaires inutiles. Un grand journal de Vienne déclarait à ce propos : « Il est triste de voir des mesures « aussi élémentaires préconisées, au bout de deux « ans, par des étrangers, et de donner ainsi au « monde l'impression méritée que l'Autriche est

« incapable d'assurer elle-même son propre salut... »

Sacrifiant à une politique de parti l'essor de son industrie et de son commerce, laissant volontairement en jachère une grande étendue de son domaine agricole, tout en augmentant sans cesse le chiffre de ses dépenses publiques, le gouvernement autrichien a été le principal artisan de la banqueroute nationale. Pour faire face à des charges financières écrasantes, il a eu recours à un procédé simpliste : l'impression de nouveaux billets de banque. Chaque mois, un milliard de couronnes en moyenne ont été mises ainsi en circulation, sans que l'encaisse métallique soit augmentée. Le 15 avril 1919, il y avait, pour une encaisse métallique de 350.000.000 krs, environ 5.317.000.000 krs de billets autrichiens estampillés ! Le 15 janvier 1920, pour une encaisse métallique inférieure, il y avait plus de 30 milliards de billets estampillés. — De tels chiffres se passent de commentaires, et expliquent la diminution constante du pouvoir d'achat de la couronne.

Cette déplorable politique économique et financière suivie par le gouvernement a merveilleusement servi la propagande allemande. L'une et l'autre en effet tendaient au même but : montrer l'impossibilité pour l'Autriche de vivre dans les conditions fixées par le traité de Saint-Germain. — Quand on connaît les sentiments du parti social démocrate au point de vue du rattachement, on comprend parfaitement le jeu de ses représentants au pouvoir. Ils avaient tout intérêt à distribuer sans compter les deniers de l'État, car ils s'attiraient de ce fait une nombreuse clientèle, et, en rendant tout relèvement national impossible, ils hâtaient l'heure de l'union à l'Allemagne.

Ainsi, au point de vue économique et financier comme au point de vue politique, les actes du gouvernement s'enchaînent. Ils démentent les belles paroles prodiguées à chaque instant aux représentants de l'Entente ; et la fameuse orientation de l'Autriche vers les puissances occidentales a été un simple masque derrière lequel les dirigeants ont abrité leurs manœuvres pangermanistes.

Lorsque les élections de novembre dernier ont porté le parti chrétien-social au pouvoir, celui-ci a trouvé une situation désespérée, et a dû proclamer son impuissance à la rétablir. Cet aveu a été enregistré avec satisfaction par les sociaux-démocrates, qui ont affecté d'y voir la reconnaissance implicite de leur supériorité à gouverner. Mais la réalité est beaucoup moins glorieuse. L'Autriche paie aujourd'hui les fautes d'un régime dont l'égoïsme touchait à la trahison, et recueille les fruits de la plus dangereuse des politiques : la politique du pire.

CHAPITRE VII

CONSÉQUENCES
DE LA PROPAGANDE ALLEMANDE

L'OPINION PUBLIQUE EN AUTRICHE AU SEUIL DE L'ANNÉE 1921. — LE GOUVERNEMENT, LE PARLEMENT ET LA QUESTION DU RATTACHEMENT.

LES patients efforts de la propagande allemande n'ont pas été perdus. Actuellement, au seuil de 1921, l'immense majorité des Autrichiens est pour le rattachement. On peut discuter la valeur de cette opinion, affirmer qu'elle va à l'encontre des véritables intérêts du pays, et y voir même un procédé de chantage plutôt qu'un sentiment profond... Un fait indéniable demeure : l'Autriche déclare à qui veut l'entendre qu'elle désire s'unir à l'Allemagne, et elle le répétera de plus en plus.

Ce revirement de l'opinion publique s'est produit sur tout le territoire autrichien, et dans toutes les classes de la Société. A Vienne comme à Klagenfurth, parmi les paysans ou dans l'élite intellectuelle, partout et toujours, on entend le même leit-motiv : *Anschluss — Anschluss.* Cette question fait chaque jour dans les journaux l'objet d'articles passionnés, défraye toutes les conversations, franchit le seuil des diètes de province, du « Bundesrat » et du « National-rat », et, sous une forme ou sous une autre, revient à chaque instant devant les membres du gouvernement.

Les pages précédentes indiquent quels efforts et quels concours de circonstances ont provoqué un semblable courant d'opinions. A la suite des élections du 12 octobre 1920, un revirement politique s'est produit dans le pays. Les sociaux démocrates ont perdu la majorité à l'Assemblée nationale, où ils ne sont plus que 66 contre 109 représentants du parti bourgeois, et ont dû céder le pouvoir aux chrétiens-sociaux. Cette circonstance, et le vote d'une nouvelle constitution étendant les pouvoirs du gouvernement central, ont mis momentanément fin au conflit entre Vienne et les campagnes. Mais le bénéfice de la propagande séparatiste allemande n'a pas été perdu, et les provinces emploient aujourd'hui, au profit de l'union de l'Autriche entière à l'Allemagne, le zèle qu'elles consacraient jadis à la cause de leur propre rattachement.

Le 20 janvier 1921, au « Landtag » d'Insbruck, cette nouvelle tendance a été très nettement exprimée par un des délégués, Mgr Haidegger : « Une politique « particulière au Tyrol n'a plus de sens aujour- « d'hui. Seule, une politique commune à toutes les « provinces de l'Autriche peut servir la grande « cause pangermaniste, et doit être pratiquée désor- « mais. »

Il est inutile d'indiquer ici toutes les démonstra- tions faites en faveur du rattachement, dans toutes les classes de la population. Quelques exemples récents indiqueront suffisamment l'orientation de l'opinion autrichienne.

Le 22 décembre 1920, la grève éclate sur le réseau des chemins de fer de la Südbahn. Reçus le lendemain par le vice-chancelier qui les exhorte à reprendre le travail, les délégués des grévistes formulent ainsi leurs exigences : « Le gouvernement devra dans les « 24 heures affirmer sa résolution : d'obtenir la baisse « des prix, de prendre toutes mesures pour éviter de « nouvelles hausses, et de s'employer, avec la dernière « énergie, à faire annuler la clause du traité de Saint-

« Germain qui interdit l'union de l'Autriche à l'Al-
« lemagne... »

Un peu plus tard, le 19 janvier 1921, un comité
exécutif de fonctionnaires, d'employés de chemin de
fer, et de tous les différents corps de métiers, se réunit
dans la salle des séances de l'ancienne direction des
chemins de fer du nord à Vienne. A l'unanimité, il
adopte la résolution suivante : « Une immense démons-
« tration en faveur du rattachement à l'Allemagne
« devra être organisée aussitôt que possible. Au jour
« fixé, tout travail cessera pendant plusieurs heures à
« Vienne et en province ; les magasins resteront fer-
« més ; de grands cortèges parcourront les rues, et
« des réunions publiques seront organisées. Dans
« toutes celles-ci, on préparera une résolution à
« l'adresse des nations civilisées, déclarant que les
« Autrichiens ne veulent dans aucun cas subir d'es-
« clavage, qu'ils n'abandonneront jamais le droit de
« libre disposition, et que leur but inébranlable de-
« meure l'union à l'Allemagne. Aussitôt après, on
« sommera le Conseil national de procéder sur le
« champ au plébiscite concernant le Rattachement. »

On constate les mêmes sentiments à tous les éche-
lons du monde industriel. Une commission chargée,
au mois de janvier 1921, de faire une enquête dans
ces milieux sur l'abaissement des prix, a été partout

accueillie par le vœu d'une union à l'Allemagne « seule capable d'assurer à l'industrie un territoire économique suffisant ». Les circonstances et l'action personnelle de quelques Allemands de marque sont la cause de ce revirement d'opinions. Hugo Stinnes, en particulier, exerce une influence de plus en plus grande en Autriche, où il cherche à mettre la main sur toutes les grandes entreprises économiques. Au début du mois de mars 1921, il a jeté les plans d'un vaste consortium industriel en Styrie, dont il aurait la direction. Les négociations ont été conduites à Berlin par le Dr Wutte, pangermaniste notoire, député à l'Assemblée nationale de Vienne, et membre du Conseil d'administration de la Société anonyme Greinitz des fers de Gratz. Stinnes vient également de racheter 200.000 actions de « L'Alpine Montangesellschaft » pour une somme de 200 millions de marks. Enfin il s'est rendu acquéreur des concessions de toute la force motrice de l'Enns. Comme il possède déjà l'exploitation des chutes d'eau de la Bavière et du Tyrol, toute l'énergie électrique de l'Allemagne du Sud et de l'Autriche est en sa possession. Ainsi se prépare peu à peu l'asservissement économique de Vienne par Berlin, par anticipation sur son asservissement politique.

Dans le monde universitaire, même antienne. Le

18 janvier dernier, à l'occasion du cinquantenaire de l'empire allemand, tous les étudiants viennois, sous la direction des recteurs Dopsch et Hartmann, se sont rendus en cortège devant le Parlement, et une députation a été envoyée auprès du chancelier, pour lui demander « de se mettre en communication avec le « gouvernement de Berlin, afin de décider l'union « immédiate de l'Autriche à l'Allemagne, seul remède « à la détresse nationale ».

A la même heure, une assemblée du parti socialiste national avait lieu à l'Hôtel de Ville, et votait, à l'adresse du chancelier, une résolution semblable, tendant à placer les pays autrichiens sous la suzeraineté du « Reich ».

Cet état d'esprit de la population a naturellement une répercussion sensible dans les milieux politiques. Comme on l'a vu plus haut, les pangermanistes, les sociaux-démocrates, et les représentants de tous les partis, se sont prononcés en faveur de l'union à l'Allemagne. Seuls, les chrétiens-sociaux se sont abstenus ; mais, si certains d'entre eux sont réellement hostiles à cette idée, beaucoup l'accueillent en revanche favorablement. Ils estiment seulement qu'avant d'y donner suite, il faut rétablir la situation économique de l'Autriche, et prétendent avec le député Mataja, un des chefs du parti, que « pour obtenir

« le rattachement, Vienne doit devenir une ville éco-
« nomiquement puissante, capable d'être utile aux
« grandes villes allemandes ».

Peu à peu cependant, devant le retard des crédits
attendus de l'Entente, et sous la pression de l'opinion
publique, beaucoup de chrétiens-sociaux modifient
leur attitude, et penchent pour une union immédiate à
l'Allemagne. Et un député de ce parti, le Dr Gürtler,
rapporteur général du budget, a déclaré le 18 janvier 1921, à une réunion de la commission des
Finances : « Le rattachement se produira fatalement,
« il n'y a pas moyen de l'empêcher, et ce sera bientôt
« l'Entente elle-même qui nous priera de l'accomplir. »

S'il reste au Parlement des partisans de l'indépendance de l'Autriche, aucun n'ose plus proclamer ses
sentiments. La plupart des chrétiens-sociaux représentent en effet les provinces les plus favorables à
l'Allemagne, comme le Tyrol, la Carinthie, ou le pays
de Salzburg. Il est difficile à ces députés, nommés
d'après leur programme social, bien plus que d'après
leurs doctrines nationales, de rompre ouvertement
avec l'opinion de leurs électeurs.

En face d'eux, les partisans du rattachement
forment un bloc compact. Divisés, tant qu'il s'agit
seulement de la vie et du salut même du pays, tous
sacrifient leurs haines sociales et leurs rivalités de

partis à la cause pangermaniste. Ils écartent systématiquement du pouvoir tous ceux qui semblent hostiles à cette cause, et leur politique depuis les dernières élections peut se résumer en ces mots : « Périsse l'Au- « triche, pourvu que vive la grande Allemagne ! »

Ainsi, la coalition des sociaux-démocrates et des pangermanistes a failli conduire à la présidence de la Confédération le Dr Dinghofer, un des apôtres les plus acharnés du rattachement ; et, si le Dr Hainisch a pu finalement triompher, c'est parce qu'il n'était pas un adversaire déclaré de cette idée.

Et quand il s'est agi de constituer un nouveau ministère, lorsque, comprenant la gravité exceptionnelle de la situation, et la nécessité de confier enfin les affaires de l'État à un homme intelligent et énergique, l'opinion publique tout entière a porté le président Schober au pouvoir, celui-ci s'est heurté à la même coalition... Ne prétendait-il pas choisir librement ses collaborateurs, faire appel aux compétences en excluant les préoccupations politiques, et mettre, à cette heure critique, toutes les forces nationales au service du pays en danger ? Bien vite, on lui a montré son erreur, et qu'il n'était question ici, ni de patrie, ni de salut public, mais seulement de la cause allemande !

La candidature Schober écartée, la formation du

cabinet fut l'objet d'interminables pourparlers, et finit, une fois de plus, par aboutir à un « compromis politique ». Des ministres bien intentionnés peut-être, mais sans expérience et sans autorité, une combinaison uniquement basée sur des considérations de parti, et nullement sur la valeur individuelle ; voilà ce que le Parlement offrait à un peuple aux abois, après l'avoir laissé plusieurs semaines sans direction ! L'Autriche attendait autre chose : elle attendait des hommes.

Un semblable gouvernement était voué à l'impuissance. Ne jouissant d'aucun crédit dans l'estime publique, en butte à l'hostilité systématique des sociaux-démocrates, il lui était impossible de réaliser les réformes indispensables, et de venir à bout d'une tâche écrasante. Il pouvait prolonger la vie du pays, mais non la sauver.

C'était précisément le but du « bloc pangermaniste ». Il n'avait ainsi rien à craindre d'un cabinet, trop faible pour résister aux suggestions de la majorité parlementaire. Or, celle-ci est acquise à la cause du rattachement. En effet, sur 175 députés, l'Assemblée nationale actuelle compte seulement 82 chrétiens-sociaux. A supposer que ceux-ci soient tous opposés à l'union de l'Autriche à l'Allemagne, les partisans de cette idée conservent encore l'avantage du nombre.

Ainsi, convaincus ou non, les dirigeants autrichiens sont fatalement entraînés par le courant qui emporte la nation. Tous doivent « jeter du lest », et donner sans cesse des gages aux doctrines pangermanistes.

Tantôt c'est le bourgmestre de Vienne, Neumann, président du « Bundesrat », qui proclame, le 1er décembre 1920, à la séance d'ouverture de cette assemblée : « La nouvelle constitution doit assurer la colla- « boration de tous nos compatriotes jusqu'au jour « unanimement désiré où l'Autriche, délivrée de ses « entraves, deviendra une fraction de la grande nation « allemande. » Tantôt, c'est le Dr Hainisch, président de la Confédération, qui déclare au correspondant des *Nouvelles de Hambourg* : « Je ne veux pas soulever ici « une question de droit public, mais je crois cepen- « dant pouvoir vous dire que, dans toutes les classes « de la société autrichienne, on estime que la question « allemande n'est pas définitivement résolue. Le « XIXe siècle a vu l'unité italienne presque entièrement « achevée, tandis que l'unité allemande n'était faite « que partiellement. Il sera réservé au XXe siècle de « voir l'accomplissement de cette unité, et, dans la « limite où les pronostics sont autorisés, il faudra peu « d'années pour que le droit imprescriptible de la « nature l'emporte sur les restrictions artificiellement « établies. »

De semblables déclarations ne suffisent d'ailleurs pas aux pangermanistes. Il n'y a pas de jour où ceux-ci ne tentent d'arracher au gouvernement des concessions plus importantes. Dans la seule période du 18 au 20 janvier, le chancelier a reçu les deux pétitions des membres de l'Université et du parti socialiste national signalées plus haut, et une proposition, signée de tous les membres du « Landtag » d'Innsbruck, demandant « le plébiscite immédiat en faveur du ratta- « chement, avec proclamation des résultats avant le « 1er mars prochain ».

A ces offensives politiques ou syndicales, le gouvernement répond en général par quelques formules dilatoires. C'est ainsi que le Dr Mayr a déclaré à la députation des professeurs et des étudiants : « Je « prends connaissance de votre pétition et je compte « la soumettre au Conseil des ministres. En présence « de la situation internationale, et des intérêts très « importants pour nous qui en dépendent, il m'est « impossible d'envisager momentanément la réalisa- « tion de vos désirs. Cependant je puis vous donner « l'assurance que j'apprécie votre sentiment, qui est « aussi celui de notre peuple tout entier. »

Mais l'opinion publique, stimulée sans relâche par la propagande allemande, rejettera bientôt de tels arguments. Il faut nous attendre à des manifestations pangermanistes de plus en plus violentes, et à un prochain plébiscite, organisé peut-être sans l'assentiment officiel, mais destiné à être tout aussi utilement exploité par les partisans de l'union à l'Allemagne.

Il est vrai qu'une telle manœuvre a été prévue par les gouvernements alliés. Et ceux-ci, fatigués de la campagne qui s'exerce au grand jour, sous les auspices et avec le concours financier d'Hugo Stinnes, de ces grandes démonstrations solennellement annoncées, des plébiscites prévus en Tyrol, en Styrie, et dans la province de Salzburg, ont décidé de poser un ultimatum au gouvernement autrichien. Le 14 avril 1921, M. Lefèvre-Pontalis, ministre de France à Vienne, a officiellement déclaré au chancelier Mayr : « Au cas où le gouvernement autrichien ne serait pas en état de mettre fin à la campagne qui a pour but le rattachement à l'Allemagne, le gouvernement français se verrait contraint de renoncer à secourir l'Autriche, et la Commission des réparations reprendrait toutes ses prérogatives. » Les ministres d'Angleterre et d'Italie se sont joints à la démarche de leur collègue, et ont averti le chancelier que le renoncement de la France signifierait pour l'Autriche l'échec définitif de tous les projets de secours actuellement à l'étude.

Il reste à savoir si les provinces autrichiennes consentiront à s'incliner devant l'autorité du gouvernement, et si celui-ci, qui, le 15 avril, n'a obtenu qu'une voix de majorité au Parlement, est capable d'entreprendre la lutte contre les puissants partisans de l'Allemagne.

∾

Beaucoup de gens voient là une tentative de chantage de la part des Autrichiens, qui cherchent, en agitant sans cesse le spectre du rattachement, à effrayer les puissances de l'Entente, et à leur extorquer de nouveaux crédits. Il n'est pas niable qu'il y ait eu longtemps, dans ce sens, manœuvre du gouvernement et de certains milieux dirigeants. Mais, aujourd'hui, tout le monde est débordé, et ceux qui n'étaient pas sincères sont pris à leur propre piège. L'opinion publique n'est pas un ressort qu'on peut à volonté tendre ou détendre, et elle ne saurait s'adapter aux fluctuations constantes des combinaisons politiques.

Aussi, lorsque au mois de janvier dernier, sir William Goode s'efforçait d'obtenir à Londres et à Paris la réalisation du projet de la Commission des Réparations, et, à l'heure même où l'on organisait des deux côtés de la Manche un mouvement d'opinions en faveur d'une aide financière immédiate à l'Autriche, a-t-on été stupéfait de voir redoubler dans ce pays la campagne pour le rattachement. Le gouvernement, cette fois, n'y était pour rien. Il aurait bien voulu ajourner ces manifestations intempestives, qui risquaient d'aliéner des concours si fièvreusement sollicités. Mais la machine, trop bien remontée, fonctionnait toute seule, et il n'y avait plus moyen de l'arrêter.

∾

Grâce aux efforts de la propagande allemande, le rattachement est devenu une idée fixe. Le peuple autrichien ressemble aujourd'hui à un enfant qui aurait envie d'un jouet, et dont on essaierait en vain de détourner l'attention sur quelque autre objet. Offrez-lui des crédits, des secours de différente nature, la garantie de pouvoir relever ses ruines et de vivre dans une indépendance heureuse... tout sera inutile : il n'a d'yeux que pour l'Allemagne.

Seulement, la paix de l'Europe est au-dessus d'un simple caprice. C'est une vérité qu'on oublie décidément trop volontiers à Vienne. Et si le peuple autrichien n'a pas compris la leçon de 1914, d'autres peuples l'ont comprise pour lui, et sauront la mettre à profit !

CHAPITRE VIII

L'OPINION ÉTRANGÈRE ET LE RATTACHEMENT DE L'AUTRICHE A L'ALLEMAGNE

RÉSULTATS OBTENUS PAR LA PROPAGANDE ALLEMANDE

SI la propagande allemande a obtenu des résultats remarquables à l'intérieur de l'Autriche, où elle a transformé une méfiance et des griefs légitimes en une impérative et bruyante amitié, elle a réalisé, au dehors, des succès plus inattendus encore. Non seulement elle a gagné les pays neutres à la cause du rattachement, mais elle y a partiellement converti, en égarant leur sollicitude sur des avantages ou des dangers secondaires, la plupart des nations directement intéressées au maintien du statu-quo. Et, en moins de deux années, partout, sauf peut-être en France et en Angleterre, on a vu de puissants partis se dresser contre les restrictions imposées à la liberté du peuple autrichien, et une campagne se dessiner en faveur de son union immédiate à l'Allemagne.

Pour provoquer ce mouvement d'opinions, la propagande a utilisé un certain nombre d'arguments dont le plus classique est la « misère effroyable dans laquelle le traité de Saint-Germain a plongé toute une malheureuse population ». A en croire les récits de l'agence Wolff, l'Autriche est transformée en un vaste cimetière où les maladies, le froid et la faim entassent d'innombrables victimes. Les enfants échappés à ces maux demeurent rachitiques et souffreteux, et jamais l'histoire n'a enregistré une semblable catastrophe ! Colportée, et inlassablement répétée dans toutes les parties du monde, cette légende y est solidement accréditée. Aussi, lorsqu'un voyageur courageux tente une incursion dans ce triste pays, il est à son retour l'objet de la compassion générale. Et quand il affirme que les campagnes autrichiennes ne souffrent pas, et que, si la misère existe à Vienne, elle ne dépasse guère celle des quartiers pauvres de Paris et de Londres, ou celle de nos régions dévastées, un profond scepticisme accueille ses paroles. On s'en tient au tragique exposé de la pr⸱⸱se pangermaniste, et les âmes sensibles s'indignent qu'on veuille, pour « des craintes imaginaires », prolonger de semblables souffrances !

Un autre argument, dont la propagande use en faveur du rattachement, est « le droit de libre disposition » : droit solennellement accordé à toutes les nations, et injustement refusé à l'Autriche. Cette contradiction émeut un grand nombre de gens qui, ne connaissant rien des intrigues allemandes, prennent un mouvement soigneusement réglé pour un élan sincère, et y voient la légitime poursuite d'un but national.

Enfin, tous les peuples sans exception se laissent toucher par un argument qui s'adresse à leur égoïsme. Depuis le mois de novembre 1913, on sollicite pour la malheureuse Autriche le concours de la générosité universelle. Cet appel incessant, nécessité par une misère réelle et par l'inertie d'un gouvernement complice, finit par lasser des États, en butte eux-mêmes à de sérieuses difficultés. Aussi accueillent-ils volontiers les suggestions de la propagande : « A quoi bon, « insinue celle-ci, prolonger, artificiellement, et à « grands frais, l'existence d'un pays qui n'est pas « viable ? Et pourquoi ne pas concilier les aspirations « de l'Autriche avec l'intérêt international, en lui

« permettant de s'unir enfin à l'Allemagne, et en
« libérant, de ce fait, les budgets étrangers d'une
« lourde charge ? »

On trouve un résumé des tendances, ainsi accré-
ditées au dehors par la propagande pangermaniste,
dans deux articles publiés simultanément, le 12 octobre 1920, par deux journaux hollandais. L'un,
Nieuwe Courant, demande « au nom de quel droit on
« prétend interdire le plébiscite d'un peuple libre ? »
L'autre, *Het Vaderland*, déclare que « la profonde
« misère de l'Autriche ne peut être secourue que par
« une revision complète du traité de Saint-Germain,
« et le retour à leur nation d'origine de tous les terri-
« toires allemands. Sinon, l'union à l'Allemagne s'im-
« pose, car tous les pays qui contribuent actuellement
« à nourrir l'Autriche ne pourront s'imposer cette
« charge longtemps, et c'est leur propre intérêt de
« voir se réaliser le plus tôt possible le rattache-
« ment ».

La propagande allemande ne s'est pas contentée
d'invoquer des arguments d'ordre général. Elle s'est
efforcée en outre d'exploiter, dans certains pays, des
intérêts particuliers et des craintes légitimes, en affir-

mant que, seul, le rattachement saurait satisfaire les uns et conjurer les autres.

Ces intérêts ne sont pas d'ordre territorial. A part la Suisse, qui, en cas de réunion de l'Autriche à l'Allemagne, a fait réserver les droits du Vorarlberg auprès de la Société des Nations, et s'augmenterait sans doute de cette province, aucun État étranger ne peut attendre d'un changement de régime dans l'Europe centrale un accroissement quelconque. Mais partout, en revanche, les avantages économiques sont faciles à invoquer, et une population rationnée est toujours prête à accueillir sans regrets une perspective destinée à lui rendre la pleine disposition de ses ressources alimentaires et de son charbon. C'est précisément la tactique que suit la propagande allemande à l'égard de l'Italie et des « États successeurs ». Elle cherche à leur persuader que le maintien à leurs frontières d'un peuple parasite, auquel il faut sacrifier, sans profit, des ressources indispensables au développement national, est un luxe dangereux, et que le rattachement leur permettrait au contraire de réaliser un complet essor industriel et commercial.

Enfin, vis-à-vis des mêmes États, la propagande utilise également la crainte d'une restauration des Habsbourg, et de la reconstitution d'une grande monarchie danubienne, et s'emploie à les convaincre que, seule, l'union de l'Autriche à l'Allemagne les délivrerait à jamais de ce cauchemar. Cette dernière partie du programme a d'ailleurs été involontairement facilitée, dans certains milieux français, par des intrigues, qui, soigneusement enregistrées et amplifiées, ont confirmé les appréhensions des États successeurs, et leur ont fait prendre au sérieux le péril dénoncé par les pangermanistes.

Ainsi, soit par le mirage d'un essor économique, soit par la perspective d'une nouvelle sujétion politique, la propagande allemande a su détourner l'attention des peuples particulièrement attachés à l'indépendance de l'Autriche, et leur faire souvent perdre de vue leurs véritables intérêts. Sans doute, les convictions des dirigeants eux-mêmes n'ont pas été ébranlées. M. Giolitti, à l'entrevue d'Aix-les-Bains, M. Bénès, dans son discours prononcé à Prague, le 27 janvier 1921, ont l'un et l'autre insisté sur la nécessité pour leur pays de s'en tenir au traité de Saint-Germain, et d'interdire l'union de l'Autriche à l'Allemagne. Mais tous leurs compatriotes ne pensent pas de même. Et, sous les auspices des pangermanistes, des partis se sont constitués un peu partout, pour préconiser et réclamer le rattachement immédiat. Qu'on laisse ces partis se développer, que leurs représentants parviennent un jour au pouvoir, et toute la politique actuelle risque d'être bouleversée !

Dans un article intitulé « La politique italo-allemande », et publié, le 27 janvier 1921, par le *Figaro*, M. Raoul de Volva signale très justement le danger de l'attitude actuelle de M. Nitti, et de la campagne menée par la presse officieuse, pour persuader au public que « le seul moyen de sauver l'Autriche est de « permettre à l'Allemagne de l'absorber ». Certains journaux envisagent même cette solution comme un événement favorable aux intérêts nationaux, et prétendent, avec le *Tempo*, que le rattachement « empê- « cherait la France, l'Amérique, et l'Angleterre, de « s'emparer des compagnies de chemin de fer, de « l'industrie, et des banques autrichiennes, et que « l'Italie ne risquerait pas ainsi de trouver un jour ces « puissants États à sa frontière... »

On ne saisit pas pourquoi le voisinage des Allemands semble moins inquiétant aux habitants de la péninsule que celui des peuples de l'Entente, mais cette opinion fait prime dans beaucoup de milieux.

Il faut voir là le résultat des intrigues pangermanistes, menées à Rome dès le lendemain de l'armistice. Ces intrigues ont tour à tour et très habilement exploité la déception des patriotes, qui reprochaient aux Alliés de ne pas vouloir satisfaire toutes leurs revendications nationales, les ambitions démesurées du parti socialiste, et le mécontentement général causé par des difficultés économiques croissantes. Bientôt, on a vu se former un parti nettement favorable à l'Allemagne, auquel se sont joints beaucoup de ceux qui avaient réprouvé jadis l'entrée en guerre de leur pays.

La propagande pangermaniste a pris un développement de plus en plus considérable, et on a retrouvé dans certains journaux de Rome les procédés employés à Vienne : attaques contre la France, et éloges à l'adresse de ses adversaires. Le rattachement de l'Autriche au « Reich » a été présenté comme une double nécessité politique. D'une part, en supprimant de la liste des peuples l'ancien adversaire national, il devait libérer l'Italie de toute inquiétude au sujet de ses récentes conquêtes, et, d'autre part, en installant un puissant État en Europe centrale, il paralyserait l'expansion des peuples nouveaux, en particulier du Peuple S. H. S., et supprimerait la menace d'une concurrence gênante. Les intérêts économiques ont été naturellement invoqués à leur tour, et on a persuadé au public que le sort de Trieste était lié à celui de l'Autriche, et que, si ce port ne pouvait se relier directement à Hambourg, sa conquête resterait toujours inutile.

La campagne pangermaniste n'a certainement pas modifié les sentiments de la majorité des Italiens, demeurés fidèles à leurs convictions et à leurs alliances. Elle a cependant créé certains malentendus, qui ont trouvé à Vienne et à Berlin un écho complaisant. Dans les deux capitales, on a feint de prendre les sympathies bruyantes d'un parti pour un encouragement officiel, et cette mesure a été facilitée par l'attitude imprudente de quelques représentants du gouvernement romain. Dès lors, les champions du rattachement ont prétendu agir avec l'assentiment d'une grande puissance de l'Entente, et ont acquis, de ce fait, un crédit considérable. Parmi tous les peuples de l'Europe centrale, le bruit s'est répandu très vite que l'Italie favorisait le rattachement de l'Autriche à l'Allemagne, et cette nouvelle a naturellement provoqué un revirement d'opinions sensible. Mais l'œuvre la plus néfaste de la propagande a été de souligner le désaccord apparent des alliés, et de garantir aux pangermanistes l'impunité complète de leurs projets, en leur laissant espérer la complicité d'un ou plusieurs signataires du traité de Saint-Germain.

Si des défections ont pu se produire dans l'opinion d'un peuple expérimenté et doué d'un sens politique longuement mûri, on comprend que ce fait se soit renouvelé au sein des nations nées d'hier, hésitant encore sur le choix de leurs traditions et de leurs alliances. Dans l'esprit des dirigeants, le doute n'a pas persisté longtemps. Ils ont eu vite fait de démêler les véritables intérêts du pays, et d'écarter les suggestions dangereuses. Mais ils se sont heurtés parfois à l'intransigeance ou à l'opposition de leurs concitoyens, incapables de saisir des buts politiques trop lointains ou le sens de certaines contradictions apparentes.

C'est ce qui s'est passé par exemple en Tchéco-Slovaquie, où l'on s'étonne de trouver tant d'indifférence à la menace du rattachement. Mais cette menace n'a jamais été réalisée par la masse de la population. Pour tous, le danger est resté sur les bords du Danube, soit du côté de Budapest, d'où a surgi en 1919 l'attaque de l'armée de Bela Kun, soit du côté de Vienne, où dix siècles d'oppression ont appris à voir l'ennemi traditionnel. Aussi, lorsque leurs hommes d'État déclarent : « Gardons-nous de supprimer l'Autriche. Et « même, pour lui permettre de subsister, abandon-« nons-lui une partie des ressources nationales », beaucoup de Tchèques ne comprennent-ils plus, et sont-ils tentés de s'indigner !

Un tel état d'esprit est naturellement entretenu et développé avec soin par la propagande allemande qui, suivant les procédés indiqués précédemment, s'efforce d'égarer l'opinion publique, et de lui faire perdre de vue ses véritables intérêts.

Par suite, tous les efforts faits pour faciliter les échanges économiques entre Prague et Vienne, et enlever, par un ravitaillement régulier en vivres et en charbon, leur principal argument aux partisans du rattachement, se heurtent à de grandes difficultés d'exécution. Les membres de la section autrichienne de la Commission de Réparations ont eu l'occasion de le constater souvent. Et quand le colonel Smith, président de la délégation américaine, a voulu réunir à Presbourg une conférence des États successeurs, pour faciliter, entre ces États et l'Autriche, les communications et les échanges économiques, il a rencontré de plusieurs côtés, et surtout du côté tchèque, un empressement très relatif.

Cette attitude un peu déconcertante a provoqué 'étonnement et les protestations de certains milieux étrangers. A la fin du mois de décembre dernier, il y a eu, dans la presse anglaise en particulier, toute une campagne pour vaincre les résistances rencontrées à Prague, et le *Times*, le *Manchester Guardian*, et la *Westminster Gazette* se sont efforcés de démontrer que, seule, l'aide économique de ses voisins pouvait sauver l'Autriche.

Les intéressés n'ont pas tous été de cet avis. Et le *Times* a publié une réponse de l'attaché de presse tchéco-slovaque à Londres, déclarant : « Il n'y a que « trois moyens de sauver l'Autriche. Le premier est « de l'aider financièrement pendant de longues années, « mais il n'y a aucune raison pour croire que les puis- « sances alliées s'imposeront une pareille charge. Le « second est d'exercer une pression sur les Tchèques, « les Yougo-Slaves, les Roumains, les Polonais, et les « Hongrois, pour qu'ils fassent une association éco- « nomique avec l'Autriche : mais ces peuples sont « déjà gênés eux-mêmes, et n'y consentiront pas. Le « troisième est le rattachement de l'Autriche à l'Alle- « magne. C'est le seul moyen praticable. Et le simple « bon sens enseigne que les frontières politiques et « économiques ne peuvent empêcher l'unité du « peuple allemand de se réaliser. »

Si de semblables paroles ne représentent pas la doctrine du gouvernement, elles correspondent à une théorie assez répandue dans les cercles privés. Et lorsque à la suite du discours de M. Bénès, le député Knirsch déclarait, le 28 janvier, que la Tchéco-Slovaquie avait déjà assez de « soucis économiques « par elle-même, sans s'adjoindre encore les soucis « de l'Autriche, et qu'on ferait mieux d'aban- « donner ceux-ci à l'Allemagne », il était certainement l'interprète d'un grand nombre de ses concitoyens.

Malheureusement, ici encore, les pangermanistes s'emploient à confondre le sentiment d'une partie de la population avec celui du gouvernement. Ils généralisent à dessein toutes les opinions favorables à leur cause, et c'est ainsi par exemple que la déclaration publiée par le *Times* a été, dans tous les journaux autrichiens, l'objet des plus perfides commentaires. « Il « est certain, déclare à ce sujet le *Deutsches Volks-* « *blatt* du 31 décembre 1920, que la réponse de l'at- « taché de presse tchéco-slovaque à Londres doit être « considérée comme une déclaration officielle, car le « ministère des affaires étrangères l'a transmise par « l'intermédiaire de son service de propagande. Elle « a donc une extrême importance. La Tchéco-Slova- « quie est la première des nations associées à l'Entente « qui se prononce pour le rattachement de l'Autriche « à l'Allemagne, et, chose plus significative encore, « qui avoue ne rien craindre de cette union, bien « qu'elle soit la plus proche voisine des États en ques- « tion... La Tchéco-Slovaquie a confiance dans l'Alle- « magne... Le peuple qui, dans le camp des vain- « queurs, connaît le mieux l'Europe centrale, se pro- « nonce en faveur du rattachement. Il serait inconce- « vable que son meilleur allié, le peuple Yougo-Slave, « fût d'une opinion différente. »

A Prague comme à Rome, il n'y a donc pas unité de vue complète entre les dirigeants et certaines fractions de la population. On pourrait retrouver les mêmes symptômes dans les autres États de l'Europe centrale. Mal renseignés sur les conséquences fatales du « rattachement », aveuglés par une habile propagande, tous ces peuples assistent avec indifférence aux efforts accomplis par les pangermanistes à leur frontière. Ils risquent d'avoir un cruel réveil, et de s'apercevoir un beau jour qu'ils ont joué les don Quichotte, et qu'on les a fait partir en guerre « contre des moulins », pour les détourner de leur véritable ennemi. Mais cette perspicacité tardive ne leur servirait plus à rien, et l'irréparable serait alors accompli. Il appartient aux nations dont une longue expérience a formé le jugement, et auxquelles de sanglantes leçons ont enseigné le péril des quiétudes trompeuses, d'éclairer ces alliés trop confiants, et de les retenir à temps sur le bord de l'abîme.

CHAPITRE IX

LE DANGER DU RATTACHEMENT DE L'AUTRICHE A L'ALLEMAGNE

DANGER IMMÉDIAT. — DANGER FUTUR

L'UNION de l'Autriche à l'Allemagne constitue-t-elle un danger pour la paix future de l'Europe ? Pour s'en convaincre, il suffit d'un coup d'œil sur la carte, et d'un instant de réflexion. Et l'on reste alors stupéfié que, dans toutes les parties du monde, tant de gens s'obstinent à nier un péril si flagrant !

Le premier résultat du rattachement serait de constituer un vaste et puissant État, de près de 600.000 kilomètres carrés et de 70.000.000 d'habitants. L'ancien empire austro-hongrois disparu, la Russie morcelée ou annihilée pour longtemps, aucune grande puissance ne pourrait plus disputer à l'Allemagne la domination de l'Europe centrale. Quant aux petits États, créés ou agrandis par le traité de Saint-Germain, leur sort deviendrait précaire. La Tchéco-Slovaquie serait encerclée ; la Pologne et la Yougo-Slavie seraient menacées. De plus, le couloir qui les relie actuellement à la Suisse et à la France disparaissant, ces États se trouveraient coupés de leurs alliés naturels, et fatalement destinés à subir la sujétion politique de leur redoutable voisin.

Cette sujétion ne ferait d'ailleurs que coïncider avec un asservissement économique complet. Maîtresse d'un immense bassin houiller, de richesses minières de toutes sortes, et d'un formidable outillage industriel que la guerre a laissé intact, à cheval sur le Rhin et sur le Danube, dotée d'un réseau ferré et d'un réseau navigable puissants, l'Allemagne ne tarderait pas à ruiner des concurrents beaucoup plus faibles et mal organisés. Et son change très bas lui permettrait de s'emparer facilement de tous les marchés de l'Europe centrale, sans avoir à redouter pendant longtemps la concurrence des États-Unis, de l'Angleterre et de la France, pays à change élevé.

Quand on connaît l'instinct dominateur et l'esprit de revanche du peuple allemand, on devine quels sentiments la possession d'un tel domaine politique et économique saurait lui inspirer. Et ceux qui font aujourd'hui si volontiers crédit à sa faiblesse, seraient peut-être moins heureux de s'incliner demain devant sa force.

Mais ce résultat immédiat représente seulement la première partie du plan des pangermanistes. Dans l'esprit de ceux-ci, le rattachement de l'Autriche à l'Allemagne doit être suivi de l'absorption de toutes les populations de race et de langue allemande, actuellement séparées du « Reich » ; des deux cent mille Tyroliens du Sud, des trois millions et demi d'Allemands de Bohême, des Alsaciens, d'une partie des Lorrains, et des habitants de tous les territoires perdus à la paix de Versailles. Et ce serait une grave erreur de voir là une fantaisie de quelques impérialistes impénitents. Le gouvernement actuel et l'immense majorité du peuple allemand partagent les mêmes ambitions, et y voient la réalisation indispensable des aspirations nationales.

Il a été question précédemment du *Heimatsdienst*, et de sa section autrichienne de propagande. A chaque territoire étranger de langue allemande correspond une section, spécialement chargée d'entretenir ou de développer les sentiments pangermanistes de la population, et de préparer son retour à la mère-patrie. Les agents, rétribués ou bénévoles, employés à ce service opèrent ouvertement, et avec l'approbation et la protection officielle du gouvernement.

Dans la partie du Tyrol du Sud attribuée par le traité de Saint-Germain à l'Italie, c'est la propagande allemande qui entretient l'agitation. C'est elle qui empêche la population de se résigner à son sort actuel, et qui lui inspire — mais cette fois contre Rome — des sentiments d'irrédentisme. La campagne pangermaniste dans la vallée du Haut-Adige a coïncidé avec celle qui s'exerçait dans le Tyrol autrichien. Dès la remise des conditions du traité de paix au gouvernement de Vienne, au mois de juillet 1919, le journal *Allgemeine Tiroler Anzeiger* déclarait : « Le seul « moyen d'aider véritablement nos frères du Sud et « de préparer leur retour, est de nous rattacher à « l'Allemagne. » Et un autre journal conseillait aux Italiens de réfléchir, « avant de violer le droit des « peuples, et de s'attirer, au delà du Brenner, l'ini- « mitié mortelle de soixante-dix millions d'Alle- « mands ».

Depuis cette époque, le sentiment national a été soigneusement entretenu chez tous les Tyroliens, et ceux qui sont par exemple domiciliés à Vienne ont été, le 15 novembre 1920, conviés à une grande manifestation pour protester contre l'annexion du Tyrol du Sud à l'Italie. Après s'être violemment élevés contre les traités de Versailles et de Saint-Germain, plusieurs orateurs ont fait jurer aux assistants de consacrer toutes leurs forces « à la reconstitution d'un « Tyrol unique, réuni à la grande patrie allemande ».

De tous les points d'Allemagne, des encouragements partent à l'adresse des frères opprimés. Quelques jours avant la manifestation de Vienne, le 3 novembre 1920, la Chambre de commerce de Münich a rédigé, contre l'annexion du Tyrol du Sud par l'Italie, une protestation solennelle qu'elle a communiquée à la Chambre de commerce de Bozen. Celle-ci a remercié chaudement les Bavarois de leur sympathie, où elle a vu « le gage de la fidélité envers la patrie « commune à tous les frères de race situés de part « et d'autre du Brenner ».

Enfin, les sentiments du peuple allemand ont été mis en lumière par un incident caractéristique. A la suite des protestations du gouvernement italien contre l'agitation pangermaniste dans la vallée du Haut-Adige, l'envoyé du « Reich » à Rome avait affirmé que son gouvernement était entièrement opposé à l'idée de soutenir l'irrédentisme des Tyroliens du Sud, et le Dr Simons, interpellé à ce sujet au Reichstag, le 28 novembre 1920, avait répondu à peu près dans le même sens. Ce fut en Allemagne le signal d'une levée de boucliers générale. On accusa le ministre des Affaires étrangères et son ambassadeur en Italie, M. von Beerenberg, de trahir les intérêts du pays, et de méconnaître ses véritables traditions politiques. A son tour, la presse viennoise s'éleva contre de tels procédés, déclarant : « Le but unique du Tyrol a toujours « été le rattachement à l'Allemagne, et le gouverne- « ment de Berlin l'a sans cesse encouragé dans ce sens. « Nous étions donc en droit d'espérer qu'une amitié « italo-allemande favoriserait l'émancipation de cette « province, au lieu de s'y opposer. Mais l'attitude ac- « tuelle des dirigeants du Reich prouve que le Tyrol « du Sud n'a plus à compter que sur lui-même. »

Devant cette indignation unanime, le Dr Simons n'hésita pas à désavouer ses propres déclarations. Il confia au consul d'Allemagne à Innsbruck le soin de lui amener une délégation de Tyroliens, et s'excusa auprès de celle-ci d'avoir provoqué « par un discours « fait sans préparation et mal interprété, un regret- « table malentendu ». Le chancelier Fehrenbach s'exprima dans le même sens, et l'incident fut clos.

Telle est, dès à présent, l'attitude de l'Allemagne. Il est facile d'en déduire ce qui se passerait une fois le rattachement accompli.

∾

Mais si, deux ans après sa défaite, un peuple emploie des procédés aussi menaçants à l'égard d'une grande puissance victorieuse comme l'Italie, on devine l'attitude qu'il adopterait, le cas échéant, vis-à-vis d'une nation plus faible comme la Tchéco-Slovaquie. Or, il y a dans ce pays trois millions et demi d'Allemands qui, loin d'abdiquer leur nationalité, la revendiquent à toute occasion, et font aux Tchèques une opposition systématique. Les gens qui avaient encore des illusions sur le fusionnement des deux races ne peuvent vraiment les conserver à la suite des vifs incidents de Cheb et de Teplitz. Ces incidents ont eu leur consécration au parlement de Prague, à la séance du 9 novembre 1920, où les députés allemands ont entonné la *Wacht am Rhein* et le *Deutschland über Alles*, puis ont quitté la salle. Après avoir voulu constituer un parlement d'opposition, purement allemand, ils ont fini par réintégrer l'assemblée nationale, mais, depuis, ne perdent pas une seule occasion de manifester leur hostilité vis-à-vis des Tchèques, et même des peuples de l'Entente. C'est ainsi qu'une motion, signée de tous les députés allemands, a été déposée, le 4 janvier 1921, par le Dr Lodgman, pour « protester, « au nom de l'humanité et de la civilisation, contre les « excès commis sur le Rhin par les troupes françaises, « noires, jaunes, et blanches, ou par les troupes belges, et exiger du gouvernement français et des autres

« puissances le retrait immédiat de ces troupes... »
Le 26 janvier, un nouveau conflit a éclaté au parlement, à la suite du refus du député Fischer de s'exprimer en langue tchèque. Devant les protestations de la majorité, tous les députés allemands ont encore quitté la salle, et ont déclaré qu'ils reprendraient leur place, une fois seulement le différend tranché par une décision de l'Assemblée nationale.

Il ne faut naturellement pas exagérer la gravité d'un semblable conflit. Et, dans l'état actuel des choses, les Tchèques viendront assez facilement à bout d'une minorité incapable, malgré toute sa turbulence, de marquer des avantages importants. Mais comment prétendraient-ils, par contre, éviter la scission une fois le rattachement accompli ? Quel lien serait capable de retenir les trois millions et demi d'Allemands qui vivent en lisière de la Bohême, le jour où ils se sentiront environnés et soutenus par soixante dix millions de leurs frères de race ? Et quelle force saurait empêcher ceux-ci de les absorber ? Ce danger est tellement clair, qu'il est inconcevable que l'unanimité des Tchèques ne l'aperçoive pas. Il faut vraiment toute la naïveté et l'imprévoyante confiance d'un peuple nouveau, pour ajouter foi aux assurances intéressées des pangermanistes, et accepter sans inquiétude l'éventualité presque certaine d'une catastrophe nationale !

Et pourtant, la perte des plus riches provinces de la Bohême ne constitue qu'une partie du péril, et le rattachement risque d'arracher également aux Tchèques la possession de la Slovaquie. Nulle part en effet, et à Prague moins qu'ailleurs, on n'ignore l'état d'esprit de la Hongrie. Cette nation n'a jamais accepté sa défaite, et si elle a signé un traité constituant « quatre Alsace » à ses frontières, c'est sous la contrainte des événements, et avec la ferme intention de se révolter au premier jour.

D'un autre côté, on sait combien la politique de Budapest a toujours été liée à celle de Berlin. Ce sont les Magyars qui, au lendemain de la guerre de 1870, ont triomphé des répugnances de l'Empereur François-Joseph, et lui ont imposé l'alliance allemande, et ce sont eux qui, depuis cette époque, ont constamment manifesté les sentiments les plus germanophiles. Quoi qu'on en dise, ces sentiments sont demeurés intacts. Depuis deux ans, les intrigues pangermanistes ont toujours trouvé en Hongrie un écho complaisant, et beaucoup de gens ont pu justement s'étonner de l'accueil fait par l'amiral Horthy au fameux colonel Bauer, dont il a été question précédemment. A l'heure même où les Magyars faisaient à la France des protestations d'amitié, la plupart de leurs ministres affichaient ouvertement des sentiments germanophiles, et le comte Teleki, président du Conseil actuel, déclarait au mois d'octobre 1920 : « les liens qui unissent « la Hongrie à l'Allemagne ne se sont pas modifiés, « et celle-ci occupe, comme avant la guerre, la pre- « mière place dans le cœur de tout bon Magyar ». Des affiches de propagande pangermaniste alternent sur les murs des villages hongrois avec les affiches de propagande nationale, et il y avait encore au mois d'avril 1921, tant au ministère de la Guerre à Budapest que dans les principales garnisons du pays, trois cents officiers allemands employés au titre d'*officiers de liaison !*

On ne saurait d'ailleurs s'étonner d'une telle attitude. Elle s'explique fort bien chez des gens qui ne sont pas résignés à leur sort actuel. Et puisque la Hongrie veut reconquérir ses territoires perdus, la simple logique l'oriente vers les peuples qui l'aideront à déchirer le traité de Trianon, et non vers ceux qui le lui ont imposé. Le jour où les Allemands deviendront les maîtres de Vienne et du Danube, même s'ils demeurent animés d'intentions nettement pacifiques, la Slovaquie et les anciens territoires hongrois de la Roumanie et de la Yougo-Slavie seront directement menacés. Il suffit en effet de connaître l'orgueil et l'humeur batailleuse des Magyars, pour prévoir leur conduite, aussitôt qu'ils se sentiront épaulés par de puissants alliés, et pour deviner quels conflits ils provoqueront encore dans l'Europe centrale.

Comment les peuples, directement intéressés à maintenir l'équilibre européen actuel, ne voient-ils pas à quel point le rattachement risque de compromettre leur situation ? C'est la question que se posait très justement le *Times*, en commentant la déclaration du correspondant tchéco-slovaque indiquée précédemment. « L'auteur, disait ce journal, fait preuve, « en se prononçant pour le rattachement, de plus de « passion que de sagesse et de prévoyance. Et nulle « part son point de vue ne sera mieux apprécié qu'à « Berlin, où l'encerclement de l'État tchéco-slovaque « forme déjà un des buts de la politique extérieure.

« Nous croyons au contraire que les États succes- « seurs ont un grand intérêt à soutenir l'Autriche « (naturellement avec la coopération des alliés, et « l'établissement d'un contrôle extérieur), afin que ce « pays sorte de ses difficultés présentes. Le rattache- « ment de l'Autriche à l'Allemagne, et le contact di- « rect de la Hongrie, feraient de Vienne le centre

« financier, politique, et économique, de l'influence
« pangermaniste, et le foyer des intrigues allemandes
« dans la partie sud-est de l'Europe. Il créerait ainsi
« un danger beaucoup plus grand pour l'indépendance
« de la Tchéco-Slovaquie, de la Yougo-Slavie, et de
« la Roumanie, qu'une association économique quel-
« conque de ces pays avec l'Autriche. »

Parmi les États successeurs, il y en a d'ailleurs qui
saisissent fort bien le danger pangermaniste. Dans le
royaume S. H. S. par exemple, une longue période de
guerres et des épreuves douloureuses ont prématuré-
ment formé le sens politique naturel de la population.
Et non seulement les dirigeants de Belgrade, mais
tous les paysans serbes, comprennent qu'un nouveau
triomphe de l'Allemagne marquerait la perte de l'indépendance nationale. Ils connaissent les intrigues
actuelles du « Reich ». Ils savent que celui-ci encourage
en secret l'agitation du parti de M. Raditch, et voient,
dans le séparatisme croate, un premier moyen d'ébran-
ler le rempart qui ferme l'Orient aux appétits pangermanistes.

Aussi personne ne tient en Yougo-Slavie à laisser
de semblables adversaires s'installer aux frontières du
pays, et n'entend, à ce titre, autoriser l'union de
l'Autriche à l'Allemagne.

Il est à souhaiter que tous les peuples, créés **ou**

agrandis par le traité de Saint-Germain, acquièrent comme le peuple S. H. S. le sens des réalités, et voient dans le rattachement, non pas un moindre mal, mais le péril mortel.

Constitution d'un bloc germanique formidable, sujétion politique et économique de tous les États voisins : telles seraient les conséquences immédiates ou prochaines de la réunion de l'Autriche à l'Allémagne. Mais une fois leurs premiers rêves d'agrandissement réalisés, les pangermanistes ne tarderaient pas à connaître des ambitions plus lointaines. Fatalement attirés par le mirage oriental, ils reprendraient à leur compte la fameuse formule *Drang nach Osten* de Bismarck, et s'efforceraient d'offrir de nouveaux territoires à l'expansion nationale. De tels projets sont irréalisables sans un débouché sur l'Adriatique. C'est pourquoi la possession de Trieste figurait, avant la guerre, au premier rang des revendications pangermanistes. Et, lorsqu'ils prévoient, pour ce port, un brillant avenir au jour du rattachement et de la liaison directe avec Hambourg, les Italiens ne se trompent pas. Seulement, ils n'en profiteraient pas longtemps. Sur la côte d'Istrie, leurs heures seraient comptées, et, de gré ou de force, ils devraient faire place à la poussée allemande.

Vienne, Trieste,... Bagdad ; telles sont les étapes

fatales de l'ambition pangermaniste. Aussi, a-t-on été surpris d'entendre M. Lloyd George dire, à la dernière conférence de Paris, que la France et l'Italie devraient prendre le soutien financier de l'Autriche à leur charge, parce qu'elles étaient directement menacées par le rattachement. Peut-être y a-t-il dans les menaces un ordre d'urgence ? Mais le danger demeure égal pour tous les peuples, soucieux de maintenir l'équilibre en Europe, et de ne pas sacrifier demain, à la mégalomanie allemande, la fleur de générations nouvelles.

CHAPITRE X

A-T-ON LE DROIT D'INTERDIRE LE RATTACHEMENT ?

Le danger du rattachement ne s'est pas révélé récemment. Depuis longtemps, les dirigeants des pays intéressés le connaissent, et se sont efforcés de le conjurer. Seulement, si tout le monde est d'accord sur la menace, on l'est moins sur le remède. De l'aveu même des membres de la conférence de la paix, l'élaboration des articles 80 du traité de Versailles, et 88 du traité de Saint-Germain, a nécessité les plus pénibles négociations. Et, par un scrupule de conscience touchant, mais peut-être inopportun, on se demandait un peu partout dans les pays vainqueurs : « Si l'Autriche, véritablement, veut

« s'unir à l'Allemagne, avons-nous le droit de l'en
« empêcher ? »

Cette particularité n'a pas échappé à l'attention des
pangermanistes. Trop heureux de découvrir une
semblable faiblesse chez leurs adversaires, ceux-ci
ont protesté bruyamment contre ce qu'ils nommaient
« une violation du droit de libre disposition des
« peuples », et n'ont pas cessé, depuis, d'en appeler à
la justice du monde entier.

Il est vraiment admirable d'entendre les Autrichiens
dont toute l'histoire a été un perpétuel attentat à la
liberté des Tchèques, des Slovènes, des Serbes, ou
des Croates, invoquer aujourd'hui le droit de libre
disposition des peuples ! Et il est plus remarquable
encore d'entendre la voix des Allemands se mêler à
la leur ! On avait la conscience moins délicate à Berlin, quand il s'agissait de partager jadis le royaume de
Pologne, ou d'agrandir le patrimoine national, avec
des territoires arrachés au Danemark ou à la France.
Il n'était pas question, alors, de consulter les populations : en 1867, les habitants du Sleswig-Holstein
se sont vu formellement refuser le plébiscite, pourtant prévu dans le traité de cession, et, en 1871, les
Alsaciens-Lorrains n'ont pu faire aboutir davantage
leurs justes revendications. Le « droit des peuples »
n'intéressait personne en Allemagne. On lui préférait

le principe plus commode de Bismarck : « La force prime le droit. »

C'est ce principe seul qui a constamment guidé la politique de nos ennemis d'outre-Rhin. C'est en son nom qu'ils ont déchaîné la guerre mondiale, envahi la Belgique, brûlé et tout dévasté sur leur passage, noyé ou emmené en esclavage des milliers de femmes et d'enfants. C'est ce principe encore qu'ils ont invoqué en dictant le traité de Brest-Litowsk, ou en revendiquant, jusqu'au seuil de leur défaite, nos plus riches départements du Nord, et toutes les provinces belges.

Puis, un beau jour, le vent a tourné. On s'est aperçu à Berlin que la force changeait de camp, et qu'il ne s'agissait plus de victoire, mais du plus éclatant désastre. Et, aussitôt, sans la moindre transition, sans même laisser tomber sur la page encore fraîche, où se lisaient leurs plus cyniques prétentions, la poussière de quelques années d'oubli, les Allemands ont opposé aux décisions des peuples vainqueurs le « droit de libre disposition » des peuples vaincus. Ainsi ce principe, qui n'avait jamais été valable tant qu'il s'agissait seulement des Slaves de Bohême, de Galicie, ou de Carniole, des Roumains, des Italiens, des Danois, des Belges, ou des Français, se transformait tout à coup dès qu'il s'agissait des Allemands, et devenait sacré !

Un changement d'attitude aussi paradoxal aurait eu, jadis, l'accueil qu'il méritait. On aurait invité les Allemands à laisser leurs droits là où ils avaient si longtemps placé ceux des autres, et à se soumettre, jusqu'à nouvel ordre, aux mesures dictées par la plus élémentaire prudence. Mais le temps avait marché. Tandis que les uns perfectionnaient l'art de tuer, les autres perfectionnaient celui d'oublier. Et des principes généreux, dont le simple bon sens aurait dû restreindre l'application aux peuples d'un pacifisme éprouvé, étaient également appliqués aux auteurs du drame mondial. La veille de l'armistice, les Allemands savaient déjà qu'on travaillait à leur garantir l'intégrité de leurs privilèges nationaux, et cette assurance leur permettait d'inonder, avec une tranquillité plus parfaite, les dernières mines de France !

∼

Depuis plus de deux ans, les pangermanistes essaient d'obtenir par la propagande ce qu'ils n'ont pu arracher à la complaisance des vainqueurs. On sait de quelle façon ils comprennent les prescriptions du traité de paix concernant l'indépendance de l'Autriche, et comment ils comptent nous mettre, d'ici peu, en présence du fait accompli. A une semblable manœuvre il n'y a qu'une seule façon de répondre : rappeler les intéressés à l'ordre, et proclamer à la face du monde que, non seulement il est très légitime d'interdire le rattachement, mais que c'est pour nous un devoir absolu de sécurité nationale.

Il y a en effet quelque chose de plus sacré que le droit de disposition d'un peuple : c'est le droit à la vie de tous les autres peuples. Et, quand les Allemands essaient de nous apitoyer sur le désir « qu'ont « tous leurs frères de race de se joindre à eux », cela ne nous touche nullement. A cette philanthropie, nous préférons le souci de notre propre sécurité, car nous avons déjà senti plusieurs fois le vent du boulet, et nous savons qu'infailliblement la constitution du bloc pangermaniste marquerait notre asservissement, ou le retour des luttes les plus sanglantes.

« Les victimes de la partialité de l'Entente » découvriront d'ailleurs de nombreuses consolations dans la lecture de l'histoire. Elles y verront comment, à l'heure où les conquêtes de la révolution ou de l'Empire rendaient sa puissance inquiétante, tous les peuples se sont ligués contre la France, et jusqu'à quel point celle-ci a dû ramener sa frontière. Elles y apprendront aussi au nom de quel principe on a empêché, en 1830, une population de langue et d'aspiration françaises de s'unir à ses frères de race, et elles trouveront là, pour supporter l'interdiction du rattachement, un exemple réconfortant.

Il est certes très triste de penser que les savants autrichiens n'ont plus « un domaine scientifique assez « vaste », ou que les sociaux-démocrates estiment « leur « champ d'expériences trop restreint ». Mais ces considérations ne valent pas le principe même de l'existence de nos alliés en Europe centrale. Et ce serait vraiment trop naïf de sacrifier le sort de ces jeunes nations, et de compromettre entièrement le nôtre, pour satisfaire des aspirations que les Allemands ont toujours refusé de reconnaître chez les autres !

D'ailleurs, ces aspirations n'ont ni l'excuse d'un précédent historique, ni même le mérite de la sincérité. On a vu à d'autres chapitres comment les agents du « Reich » les avaient développées pour les besoins de la cause; et combien elles correspondaient peu au vœu primitif des populations. Or, de semblables procédés ont été prévus à la Conférence de la Paix, et objectés à l'argumentation de ceux qui craignaient d'attenter à la liberté de l'Autriche : « Si celle-ci, leur « répondait-on, voulait véritablement s'unir à l'Alle- « magne, vous auriez peut-être raison : mais, en pré- « sence de la propagande pangermaniste que nous « voyons s'y faire, nous demandons que les droits des

« peuples s'affirment par la séparation complète entre
« l'Allemagne et les intéressés (¹). »

Cette séparation, malheureusement, n'existe pas,
et, plus on laissera le « Reich » conquérir virtuellement
l'Autriche, en prenant la direction de la politique et
de toute la haute industrie, moins il sera facile de
distinguer le sentiment réel de la population. Mais
une telle attitude dégage aussi complètement la res-
ponsabilité des puissances qui ont dicté les traités de
Versailles et de Saint-Germain. Puisque l'Allemagne
et l'Autriche ont constamment agi en violation des
articles 80 et 88 de ces traités, il suffit de suspendre
pour un siècle ou deux le recours à la Société des
Nations qui y est prévu. Les pangermanistes auront
ainsi tout le loisir de témoigner leur esprit pacifique,
et le monde pourra juger s'il peut réellement, sans
danger pour tous les autres peuples, autoriser un tel
accroissement de la puissance allemande.

(¹) Discours de M. Tardieu à la Chambre des Députés,
le 26 mai 1920.

CHAPITRE XI

L'INTERDICTION ACTUELLE EST-ELLE SUFFISANTE ? QUELLES SONT LES CAUSES DE SON INEFFICACITÉ ?

PUISQUE le droit d'interdire le rattachement est indiscutable, il faut donner à cette défense une valeur efficace. Or, ce n'est certainement pas le cas. Depuis deux ans, l'Autriche et l'Allemagne agissent comme si leur liberté d'association était implicitement reconnue, et règlent déjà tous les détails de leur future vie commune. Peut-être demanderont-elles, au dernier moment, l'assentiment de la Société des Nations ? Mais ce ne sera qu'une simple formalité, destinée à sauver les apparences, et la régularisation d'une union depuis longtemps consommée. Prenons garde ! Si nous laissons les événements suivre leur cours actuel, demain, dans quelques mois, nous serons brusquement mis en présence du fait accompli, et les solutions deviendront alors singulièrement difficiles.

A quoi tient une méconnaissance aussi complète des obligations imposées par les traités ? Faut-il voir là un simple effet de ce vent de révolte qui passe de l'autre côté du Rhin, et au souffle duquel les vaincus d'hier se cabrent déjà devant les vainqueurs ? Non. Si les Allemands et les Autrichiens ont fait si bon marché des fameux articles 80 et 88, c'est qu'ils ont jugé que la plupart des peuples s'en désintéressaient.

Trop souvent, d'ailleurs, les apparences leur donnaient raison. Nous avons constaté précédemment combien le public en général était mal instruit de la situation. Cette ignorance s'est traduite par une apathie complète en face des menées pangermanistes, et, parfois même, par des encouragements directs. Lorsque, pendant de longs mois, toute la presse d'un pays « signataire » faisait une campagne acharnée en faveur de l'union de l'Autriche à l'Allemagne, sans jamais recevoir du gouvernement aucune observation, ni aucun démenti officiel, nos ennemis avaient bien le droit d'espérer qu'ils ne trouveraient pas de ce côté une résistance trop grande !

Quels pouvaient être, dans leur idée, les adversaires

irréductibles du rattachement ? Le gouvernement et tout le peuple français, sauf les socialistes ; le gouvernement et la grande majorité du peuple anglais ; et, très probablement, le gouvernement et le peuple S. H. S. — Avec tous les autres, on devait trouver moyen, sous la pression de partis influents, ou par le jeu d'arguments spéciaux, d'entrer en composition. Tel a été, très certainement, le raisonnement de base des pangermanistes, et c'est là-dessus qu'ils ont édifié tout leur plan de campagne, comptant sur la propagande, ou sur l'influence des autres pays, pour triompher, le jour venu, des derniers opposants.

L'hypothèse allemande s'est trouvée vérifiée jusqu'à un certain point. Si, à Rome ou à Prague, peut-être ailleurs encore, les gouvernements sont d'accord avec ceux de Paris, de Londres, et de Belgrade, le siège de l'opinion publique reste à faire. Or, les dirigeants ne peuvent plus aujourd'hui porter seuls le poids des responsabilités. Pour être suivis, il leur faut l'appui ou le consentement tacite de la majorité. Et tant qu'elle ne sentira pas, derrière les gouvernements, les peuples eux-mêmes prêts à se dresser pour soutenir et faire respecter leur droit, l'Allemagne ne tiendra aucun compte des observations.

C'est donc l'unanimité d'opinions qu'il faut réaliser le plus tôt possible autour de l'interdiction du rattachement. La tâche semble aisée. Quand on voit de quelle façon la propagande pangermaniste a su faire accepter une théorie contraire aux intérêts du monde entier, on peut espérer, en faveur de la théorie inverse, un triomphe rapide. Seulement, il faut achever auparavant de convaincre tous les dirigeants alliés. Parmi eux, beaucoup reconnaissent ouvertement le danger ; d'autres sont moins affirmatifs, et adoptent, par esprit de solidarité, le point de vue de la France et de l'Angletrere, plutôt qu'ils ne soutiennent une revendication nationale. — Or, c'est celle-ci précisément qui est en jeu, et on le prouvera sans peine. Le jour où les gouvernements seront unanimes à voir dans l'indépendance de l'Autriche, non la simple recherche d'un équilibre politique, mais une question de vie ou de mort pour leur pays, ils auront vite fait de soulever l'opinion publique, et de réaliser l'union contre laquelle tous les efforts du « Reich » se briseront.

Ne nous hâtons pas cependant d'infirmer la clairvoyance de certains hommes d'État alliés, ou le jugement des populations. Si le danger du rattachement et d'une Allemagne agrandie n'éclate pas à leurs yeux, c'est la faute de notre propre aveuglement, et de notre longue ingorance de la situation. Pour faire partager nos préoccupations à ces peuples, il fallait d'abord les délivrer de tout souci plus direct et plus pressant. Or loin d'agir ainsi, certains d'entre nous ont, au contraire, constamment redoublé leurs inquiétudes, en préconisant les solutions que les autres redoutaient le plus.

Les États successeurs et l'Italie sont hantés par deux craintes bien nettes, auxquelles toutes les autres sont subordonnées : la reconstitution d'une fédération danubienne, englobant Vienne et Budapest, et le retour d'un Habsbourg sur le trône. Il était permis de trouver ces craintes inconsidérées, et de regretter l'obstacle qu'elles apportaient à la solution la plus pratique du problème autrichien, mais il n'y avait qu'à s'incliner devant une opinion aussi générale, et très légitime après tout. Au lieu de cela, on n'a pas cessé de proclamer en France, dans certains milieux, la nécessité de fusionner tous les États de l'Europe centrale. En même temps, les intrigues, ayant pour but de donner la couronne de Hongrie à l'ancien empereur Charles ou à l'archiduc Joseph, trouvaient à Paris et à Londres des complicités qui exaspéraient nos alliés.

« Quand bien même, déclaraient ceux-ci, tel ou tel « Habsbourg serait le mieux disposé en notre faveur, « nous ne pourrions supporter son retour ! D'abord « à cause de son nom, et du passé qu'il évoque, ensuite

« parce qu'il est mortel, et risque d'être remplacé
« demain par un de nos pires ennemis... » Et l'aventure grecque était là pour illustrer une semblable
thèse.

Ce sentiment a eu d'ailleurs l'occasion de se manifester lors de la récente tentative de l'empereur
Charles en Hongrie. On a vu tous les peuples voisins
de cet État considérer le retour d'un Habsbourg sur
le trône comme un *casus belli*, et la menace de leur
action militaire commune a décidé l'empereur à
renoncer momentanément à ses projets.

Enfin, les tractations entre la France et la Hongrie
ont mis le comble à l'inquiétude des États successeurs.
Ils y ont vu un bouleversement politique complet, et
la menace d'un renversement des alliances. Loin de
les rassurer, les raisons invoquées : recrutement de
nouvelles troupes contre les bolchevistes, échange
d'avantages économiques, redoublaient leurs craintes.
Ils savaient bien en effet que les Magyars n'étaient
pas désintéressés, et que, pour prix de leurs services,
ils demanderaient la restitution de quelques-uns de
leurs anciens domaines, c'est-à-dire d'une portion
de la Slovaquie, de la Transylvanie, ou du Banat.
Décidés à défendre des libertés et des conquêtes si
chèrement achetées, persuadés d'autre part que la
France les abandonnait, les États successeurs se li-

guèrent alors contre le danger commun, et organi-
sèrent cette sorte d'assurance mutuelle que fut, pri-
mitivement, la « petite Entente ».

Il faut avoir été sur place, et avoir séjourné à cette
époque à Prague et à Belgrade, pour savoir l'émotion
immense qui accueillit les « coquetteries franco-hon-
groises », et le tort profond qu'elles firent à notre
cause. Pour un concours d'une utilité douteuse, et
d'une sincérité impossible, on compromettait une
série d'alliances indispensables et sûres. Cependant,
beaucoup de gens à l'étranger continuaient à se rendre
si peu compte de la situation, qu'ils parlaient de
faire entrer l'Autriche et la Hongrie dans la « petite
Entente », précisément dirigée contre elles !

Dans son numéro du 7 octobre 1920, le *Daily
Telegraph* jugeait ainsi la politique suivie en Europe
centrale, et ses conséquences au point de vue du
rattachement : « Il est regrettable que la réaction
« hongroise ait trouvé, dans ces derniers temps, des
« encouragements dans les cercles officieux français,
« intéressés aux finances et à l'industrie hongroises,
« et dans certains milieux diplomatiques, où l'on croit
« pouvoir utiliser l'armée hongroise contre les bol-
« chevistes, et où l'on reste persuadé que la restau-
« ration des Habsbourg conduirait à une nouvelle
« fédération des États Danubiens, et pourrait empê-

« cher l'union de l'Autriche à l'Allemagne. Il est bien
« inutile de se bercer de l'illusion que la maison des
« Habsbourg prendrait parti pour la France contre
« l'Allemagne, et abandonnerait la défiance vis-à-vis
« des États danubiens. »

« Les Italiens raisonnent d'une façon tout aussi
« fausse que les Français, lorsque, par crainte d'une
« restauration des Habsbourg et d'une confédération
« du Danube, ils veulent qu'on autorise l'Autriche à
« s'unir à l'Allemagne... M. Millerand et M. Giolitti
« se sont mis d'accord, à Aix-les-Bains, pour rejeter
« toute politique qui ne serait pas conforme au traité
« de paix. Mais une telle politique sera toujours sou-
« tenue dans des cercles officieux, ou par des agents
« officiels d'un rang secondaire et irresponsables, et
« aura pour résultat de faire croître, dans un sens ou
« dans l'autre, l'agitation à Vienne et à Budapest. »

Si nos alliés ont aussi longtemps méconnu le danger
du rattachement, et si certains peut-être le mécon-
naissent encore, c'est donc à notre propre attitude,
autant qu'à leur imprévoyance, qu'il faut nous en
prendre. La propagande allemande a su très habilement exploiter ces erreurs. Hypnotisés par le danger

danubien, ces peuples ont perdu de vue le danger pangermaniste, ou l'ont négligé.

Mais il est toujours possible de réparer un malentendu. Lorsqu'elle aura compris la situation, l'opinion française cessera certainement de préconiser les solutions qui nous séparent seules de l'union nécessaire. Déjà rassurés par le gouvernement, ne trouvant plus dans la presse ou dans les cercles officieux de sujets d'inquiétude, et définitivement persuadés que nous ne voulons pas leur imposer de force, une communauté ou une dynastie auxquelles ils répugnent, nos alliés se retourneront avec nous vers le danger commun. Et l'interdiction du rattachement, inefficace aujourd'hui, prendra cette fois toute sa valeur.

L'attitude très nette prise par le gouvernement français, lors de la récente tentative de l'empereur Charles en Hongrie, a d'ailleurs confirmé l'absolue loyauté de notre politique. Et — simple coïncidence peut-être — on a pu voir quelques jours plus tard le ministre d'Italie à Vienne se joindre à la démarche officielle faite par les ministres de France et d'Angleterre auprès du gouvernement autrichien pour faire cesser la campagne en faveur du rattachement.

Jusqu'ici, l'Allemagne ne tenait aucun compte des

avertissements des Alliés, sachant pertinemment que quelques-uns seuls étaient sincères, et que les autres parlaient sans conviction, ou même à regret. Le jour où elle verra tous les gouvernements d'accord, et les peuples prêts à les soutenir, elle s'inclinera.

CHAPITRE XII

EST-IL EXACT, COMME L'AFFIRMENT LES PANGERMANISTES, QUE L'AUTRICHE NE PUISSE PAS VIVRE INDÉPENDANTE ?

IL est absolument inutile d'interdire le ratta- « chement à l'Autriche, puisque celle-ci ne peut « pas vivre indépendante ! » Tel est l'argument suprême invoqué contre nous à Vienne et à Berlin, et accrédité dans le monde entier par les soins de la propagande.

Cet argument est irréfutable. Non parce qu'il est prouvé par l'expérience, comme le prétendent les pangermanistes, mais précisément parce que l'expérience n'a jamais été faite. Pour juger en effet si un pays est capable de vivre ou non par ses propres moyens, il faut que tous ces moyens aient été d'abord mis en œuvre. Or, on l'a vu précédemment, le gouvernement autrichien a suivi pendant deux ans la méthode inverse. Dans sa hâte de rendre indispensable l'union avec l'Allemagne, non seulement il n'a tiré aucun profit des ressources nationales, mais il a pris à tâche de compromettre ou de ruiner celles-ci, admirablement secondé par l'inertie ou la paresse des habitants. Puis, il s'est tourné vers tous les peuples civilisés, et, les prenant à témoin de son incurable détresse, il en a rendu responsables les signataires du traité de Saint-Germain.

Un tel procédé était un peu simpliste. Son résultat certain a été de placer l'Autriche dans une situation beaucoup plus difficile qu'au lendemain de la guerre, et de la mener directement à la ruine. Au lieu de s'en prendre aux vainqueurs, on ferait mieux, à Vienne, de se tourner vers les hommes qui ont aggravé à plaisir les difficultés intérieures, et qui ont systématiquement sacrifié leur patrie à la cause allemande. Ce n'est pas à l'extérieur, comme le prétendent les partisans du rattachement, mais à l'intérieur, qu'il faut chercher le premier remède à la misère. Le jour où le travail et l'ordre auront été rétablis, les économies essentielles réalisées, et les champs incultes défrichés ; le jour où toutes les intelligences et toutes les compétences auront été utilisées, les initiatives encouragées, et, en un mot, où toutes les ressources matérielles et intellectuelles du pays auront été épuisées, ce jour-là seulement on pourra répondre avec certitude à la question « : L'Autriche peut-elle vivre indépendante ? » Jusque-là, tous ceux qui concluront pour ce peuple, à une impossibilité d'existence, feront, sciemment ou non, le jeu de l'Allemagne !

Mais s'il est difficile de résoudre en entier un problème dont il manque certaines données essentielles, on peut cependant le simplifier, et en examiner d'avance les différentes solutions. Parmi celles-ci, il en est une qu'il convient d'écarter *a priori* : c'est celle du rattachement, qui déterminerait un changement complet dans l'équilibre européen, et constituerait une menace pour la paix du monde entier. Donc nous n'en voulons à aucun prix, et déjà le débat change d'aspect. La vieille formule : « L'Autriche ne peut « vivre indépendante, et doit irrévocablement se rat- « tacher à l'Allemagne », que prétendaient nous imposer les pangermanistes, est périmée, et, désormais, le problème se pose pour nous sous cette forme : « Si « l'Autriche ne peut vivre indépendante, quels sont « les moyens, autres que le rattachement, pour lui « porter secours ? »

Ces moyens sont nombreux. Ils ont été examinés

en détail par la section autrichienne de la Commission,
des Réparations, qui travaille à Vienne depuis plus
d'un an, et qui a établi toute une série de projets, correspondant aux différentes hypothèses admises. Il est
inutile de rappeler ici les théories de sir William Goode
de M. Klobukowski, et du colonel Smith. Les journaux ont eu fréquemment l'occasion de les exposer.
Toutes s'accordent à prouver que l'Autriche peut fort
bien vivre comme elle est constituée actuellement, à
condition de mettre fin à sa tentative de suicide, et
d'être aidée, pendant un certain nombre d'années, par
des secours étrangers de différentes natures.

Le programme commun de relèvement tend vers
les principaux buts suivants : liquider l'ancienne
banque austro-hongroise ; fonder une nouvelle
banque d'émission sous le contrôle financier des alliés
(par analogie avec le régime de la dette ottomane) ;
obtenir des États étrangers, et plus commodément des
États successeurs, des livraisons matérielles, dont le
paiement serait garanti au moyen de l'emprunt consenti par les puissances.

D'après les décisions prises à Paris, les gouvernements ne devaient pas intervenir directement
dans cette question, mais constituer, avec un capital
apporté par des banques et des industries privées,
une société internationale chargée de l'assainisse-

ment des finances autrichiennes, de la fourniture des matières premières et des engrais, nécessaires à l'industrie ou à l'agriculture, et de l'importation des vivres.

A la Conférence de Londres, il a été décidé que cette société privée, qui ne pouvait directement traiter avec le gouvernement de Vienne, agirait par l'intermédiaire de la Société des Nations, et accepterait son arbitrage. Pour cela, l'actif autrichien une fois déterminé, son administration serait confiée au Comité des finances de la Société des Nations, qui aurait en même temps le contrôle de l'emploi des emprunts et des crédits, et la disposition d'un certain nombre de monopoles d'État. Afin de faciliter le relèvement de l'Autriche, les Alliés ont renoncé momentanément à leur droit d'hypothèque, et on espère que les peuples qui n'étaient pas représentés à Londres suivront cet exemple.

D'autre part, la situation économique de l'Autriche, si précaire jusqu'ici par suite des barrières dressées à ses frontières, est sur le point de se modifier très heureusement. Le 15 mars 1921, des négociations ont été engagées à Vienne entre une délégation tchéco-slovaque, dirigée par le ministre Schuster, et une délégation autrichienne, dirigée par le ministre Heinl, dans le but d'améliorer les relations commerciales entre les deux pays. Et une Conférence se réunit à Porto Rose pour faciliter les communications et les échanges économiques entre tous les États de l'Europe centrale.

A la séance d'ouverture de la Conférence préliminaire de Rome, le 6 avril dernier, le comte Sforza a déclaré : « Ces négociations constituent le meilleur « moyen de garantir les intérêts des États représentés. « J'espère que la Conférence créera entre eux une « atmosphère de cordialité, et que les avantages ma-« tériels qui en résulteront auront une heureuse « influence sur les relations politiques. La Conférence « aura ainsi démontré, une fois de plus, que dans la « société actuelle une nation ne peut prétendre à « l'essor économique si elle n'est pas en liaison avec « les nations voisines. »

Ces pourparlers sont d'excellents symptômes. Ils montrent que les États successeurs sont sur le point d'abandonner la politique du « splendide isolement » qu'ils avaient adoptée si longtemps.

∾

Il faut voir, dans une telle politique, beaucoup plus que dans les sacrifices mêmes imposés par le traité de Saint-Germain, l'origine de la détresse de l'Autriche.

Celle-ci pouvait en effet espérer, en attendant d'avoir amélioré son territoire national, trouver des denrées de première nécessité dans les pays voisins. Mais là, elle vint se heurter à des tarifs absolument prohibitifs. Lorsque les Tchéco-Slovaques, par exemple, frappèrent le sucre d'un droit d'exportation, triplant ou quadruplant le prix de la consommation intérieure, ou quand les Yougo-Slaves firent de même pour la farine et la graisse, ils interdirent pratiquement, en tenant compte de la perte au change, l'accès de leur marché aux Autrichiens. Ces procédés étaient d'ailleurs très légitimes. D'abord, parce qu'un peuple a toujours le droit de régler comme il l'entend son équilibre commercial. Et ensuite, parce que les habitants de Prague ou de Belgrade n'avaient aucune raison de favoriser spécialement ceux qui les avaient opprimés si longtemps.

Mais en face d'une attitude, d'autant plus facile à prévoir qu'elle s'était violemment affirmée dès le lendemain de l'armistice, il appartenait aux nations d'un sens politique plus assagi de songer à l'avenir, et de concilier de légitimes rancunes avec la nécessité de maintenir l'équilibre en Europe. Et peut-être les négociateurs du traité de Saint-Germain auraient-ils pu, en échange d'avantages territoriaux considérables, obtenir la conclusion immédiate de certains accords

économiques capables d'assurer l'existence, **et, par**
là même l'indépendance de l'Autriche.

Le traité signé, il devenait beaucoup plus difficile
d'arracher de semblables concessions aux États successeurs. De plus, comme on l'a vu, leur conception
du danger extérieur différait profondément de la
nôtre. Et cette circonstance, en retardant une collaboration escomptée, devait entraver longtemps notre
plan de relèvement économique de l'Autriche.

Aujourd'hui, l'entente semble faite entre les différents gouvernements. Mais c'est insuffisant. Les
meilleures intentions des dirigeants sont inefficaces,
quand elles se heurtent à la mauvaise volonté des
exécutants. Or, on sait quel est, à la suite de la propagande allemande, l'état d'esprit de certaines populations. Si cet état d'esprit n'est pas modifié par une
contre-propagande immédiate, le programme actuel
risque d'être fort compromis, et d'avoir un rendement
tout à fait insuffisant. On verrait, comme cela s'est
passé déjà souvent, des trains arrêtés et déchargés
en cours de route ou à la frontière, des commandes
inexécutées, des grèves, et tous les phénomènes qui
marquent habituellement la révolte ou le mécontentement des foules.

. Dès que ces différents peuples auront triomphé de
leurs répugnances, et, qu'abandonnant leur étroite

politique d'intérêt immédiat, ils consentiront à pratiquer enfin une large politique de prévoyance internationale, le problème de la coopération étrangère au soutien de l'Autriche ne se posera plus. Ce sera une véritable surprise de constater alors combien l'opinion allemande avait compliqué à dessein les difficultés de l'entreprise.... On sourira de tout ce déploiement de projets grandioses, et on verra que, pour nourrir simplement la ville de Vienne — car c'est au fond le nœud de la question — il était bien inutile de refaire une fois de plus la carte de l'Europe, et de vouloir imposer de nouvelles chaînes à des nations éprises de liberté. Et si les Autrichiens à leur tour acceptaient de fournir l'effort nécessaire, et de coopérer au relèvement national, non seulement le problème de leur existence, mais celui de leur indépendance même serait définitivement résolu.

CHAPITRE XIII

QUELLES SONT LES RÉFORMES
ET LES MODIFICATIONS
INTÉRIEURES INDISPENSABLES
QUE DOIT RÉALISER L'AUTRICHE
POUR POUVOIR SUBSISTER

Un Viennois soutenait un jour le paradoxe
suivant : « Depuis que j'ai payé mes dettes, je
« suis l'homme le plus malheureux du monde ! Jadis,
« une foule de gens s'intéressaient à moi et m'entou-
« raient des attentions les plus délicates. Ainsi, étant
« un jour de grand froid sorti sans manteau avec l'un
« de mes principaux créanciers, celui-ci jeta sa propre
« pelisse sur mes épaules... Quel pénible changement
« aujourd'hui, où mon existence ne préoccupe plus
« personne ! »

L'Autriche semble avoir adopté le point de vue de ce compatriote. Comprenant qu'un grand nombre de peuples sont intéressés à son indépendance, elle compte sur eux pour la faire vivre, et trouve très pratique de laisser les autres prendre soin d'elle, sans fournir personnellement aucun effort. Mais la charge est un peu lourde. Et les pays en question, eux-mêmes fortement grevés, n'ont aucune envie d'entretenir éternellement un parasite.

Pour résoudre le problème de son indépendance, il ne suffit donc pas de faire vivre artificiellement l'Autriche, avec les crédits ou le travail de ses voisins. Il faut encore que ce pays veuille vivre. Ce but ne saurait être atteint qu'aux trois conditions suivantes : faire cesser complètement la propagande en faveur du rattachement, — donner au gouvernement l'autorité qui lui manque, — changer la mentalité du peuple entier, et lui rendre le culte de l'effort.

Les pages précédentes ont montré comment la campagne pangermaniste s'opposait directement au relèvement intérieur de l'Autriche. Son but est en effet de prouver l'impossibilité pour le pays de vivre indépendant. Elle écarte donc *a priori* toutes les mesures capables, en favorisant l'activité économique, de provoquer des symptômes de prospérité matérielle. Tant qu'on ne lui aura pas arraché du cœur l'espoir du rattachement, il est inutile de demander au peuple autrichien de faire un seul pas vers le travail ou vers l'effort, parce qu'il sait que ce serait un pas de plus entre lui et l'Allemagne. Il est inutile d'élaborer en sa faveur des projets de secours, de recueillir des souscriptions étrangères, de remuer le monde entier. Tout cela risque d'être perdu, ou de servir demain à l'enrichissement du « Reich ». Et pour changer une telle mentalité, il ne faut compter ni sur la reconnaissance — sentiment inconnu à Vienne — ni sur notre propagande, désarmée en face de la propagande allemande, ni sur les raisonnements les plus convaincants. La population entière est butée, et, on aurait beau lui montrer que le rattachement marquerait l'origine de tous ses malheurs, elle répondrait comme la femme de Sganarelle : « S'il me plaît à moi d'être malheureuse, de quoi vous mêlez-vous ? »

Quant au gouvernement, dont les hommes d'une personnalité trop marquante, ou d'un caractère trop énergique, ont été à dessein écartés, il est incapable de réagir contre la coalition allemande, maîtresse de l'Assemblée nationale, et contre le courant irrésistible de l'opinion publique.

Si nos alliés comprennent comme nous le danger d'un puissant empire germanique, il n'est pas difficile de trouver une formule d'interdiction radicale et

efficace, et d'inviter, non seulement le gouvernement
et le peuple autrichien, mais surtout le gouvernement
et le peuple allemand, à s'y conformer. On ne saurait
trop le redire : pour arrêter la pantomime pangermaniste, ce n'est pas à Vienne, où les gestes sont faits,
mais à Berlin, où. les ficelles sont tirées, qu'il faut
frapper ! Dans son article de la *Revue des Deux-
Mondes*, du 15 octobre 1920, M. Poincaré demandait
« si les alliés avaient agi avec assez de fermeté vis-
« à-vis de l'Allemagne pour lui faire nettement com-
« prendre que toute entreprise germanique, condam-
« née par l'article 88 du traité de Saint-Germain,
« serait en même temps une violation flagrante du
« traité de Versailles ? » Et, parlant de la décision
éventuelle de la Société des Nations concernant le
rattachement, il ajoutait : « Il suffit que la France
« refuse son adhésion pour que l'Allemagne n'ait pas
« le droit d'accepter le rattachement de l'Autriche, ni,
« à plus forte raison, de le provoquer, et pour qu'en
« y prêtant les mains, elle viole les stipulations qu'elle
« a signées. Cette infraction, si elle se produit, doit
« avoir une sanction. L'article 429 prévoit que l'occu-
« pation de la rive gauche du Rhin ne doit cesser que
« si les conditions du traité sont fidèlement observées.
« Du jour où l'Autriche s'unirait à l'Allemagne, nous
« serions donc autorisés à rester sur le Rhin. Telle est,

« sans nul doute, la pensée du gouvernement fran-
« çais. Mais nous sommes-nous concertés à cet égard
« avec nos Alliés ? Partagent-ils notre opinion ?
« Et, s'ils la partagent, l'Allemagne en est-elle
« avertie ? »

La fureur que cet article a déchaînée de l'autre côté
du Rhin montre combien l'ancien chef du gouvernement français frappait au point sensible. Le jour
où l'on se décidera à suivre ses conseils, et à poser à
l'Allemagne un ultimatum brutal, le résultat sera
immédiat. A Vienne, la campagne en faveur du rattachement s'arrêtera comme par enchantement. Livrés
à eux-mêmes, privés de leurs inspirateurs et de leurs
chefs, les Autrichiens oublieront vite le rôle qu'on leur
soufflait à grand'peine. Et l'on aura la surprise de
voir, dans ce pays, le « colosse pangermaniste » crouler
soudain, comme un personnage en baudruche qui se
dégonfle.

On a vu précédemment l'effet considérable produit
par les déclarations du Dr Simons concernant le Tyrol
du Sud. « Ces déclarations montrent, disait la presse
autrichienne, que le Tyrol n'a plus à compter que
sur lui-même... » Lorsque, non plus un seul ministre, mais tout le gouvernement allemand, sera mis
en demeure de proclamer sa renonciation à l'Autriche,
ce pays à son tour estimera qu'il n'a plus à compter que

sur lui-même, et se mettra au travail. Jusque-là, il est inutile de rien lui demander.

La propagande allemande une fois arrêtée, on pourra songer sérieusement à faire réaliser à Vienne les réformes intérieures et les économies indispensables. Le programme est vaste. Il a fait l'objet de plusieurs notes, adressées par la section autrichienne de la Commission des Réparations au gouvernement. Mais celui-ci est absolument incapable, dans les circonstances actuelles, d'obtenir, soit de l'Assemblée nationale, soit du pays même, l'exécution d'un plan semblable. Il faut avouer d'ailleurs que son rôle est ingrat. Succédant à un gouvernement qui, pour se rendre populaire, a jeté pendant deux ans l'argent de l'État par les fenêtres, il s'expose à voir des restrictions et des réductions de crédits soulever un mécontentement général. Contre lui, le parti social-démocrate, pourtant responsable de tous ces abus, soulève déjà l'opinion populaire, et pousse constamment les fonctionnaires et les employés à demander de nouvelles augmentations de salaire. Pris entre cette détestable politique de surenchère, et l'attitude intransigeante des pangermanistes, le ministère actuel est réellement désarmé.

Par suite il ne faut pas attacher une importance exagérée aux déclarations de ses représentants. Si leur point de vue diffère de celui de la majorité, ils sont dans l'impossibilité complète de le faire triompher. Lorsque à Londres, par exemple, le chancelier répudiait la politique du rattachement, il était certainement sincère. Mais il exprimait son opinion personnelle, et celle de quelques camarades de parti, et on aurait grand tort d'en conclure que l'Autriche a renoncé à s'unir à l'Allemagne. Les paroles du Dr Mayr ont soulevé l'indignation du « bloc pangermaniste ». Et dans une conférence publique, le 20 mars 1921, un orateur a déclaré : « Si une partie seulement de ce qu'on apprend sur l'attitude du chancelier à Londres est exacte, nous devons le considérer comme un traître d'État. »

Le débat au sujet du rattachement est bien loin d'être clos. Il va se rouvrir au contraire prochainement avec plus d'acuité que jamais. Ne pouvant obtenir l'autorisation d'un plébiscite général, les pangermanistes ont pris l'initiative de plébiscites partiels dans chaque province. Le 24 avril en Tyrol, le 29 mai en Styrie, à une date encore indéterminée dans la province de Salzburg, la population sera invitée à déclarer si elle veut ou non s'unir à l'Allemagne. Étant donnée la propagande, la réponse ne peut être qu'affirmative. Le ministère alors sera forcé de capituler, à moins qu'il ne soit fermement soutenu à l'extérieur.

La profonde faiblesse du gouvernement actuel vient d'être mise en lumière lors du récent séjour de l'empereur Charles en Hongrie. Aussitôt l'échec de la restauration à Budapest avéré, et le retour de l'empereur en Suisse certain, les sociaux-démocrates autrichiens ont provoqué une réunion du Comité exécutif du conseil des ouvriers, où il a été décidé de s'opposer au passage du train impérial sur le territoire national, au cas où la garde n'en serait pas confiée à des hommes de confiance du parti et à la wehrmacht. Le Dr Glanz, ministre de la Guerre, estimait avec raison que ce soin incombait à la police et à la gendarmerie, mais, à la prière du chancelier, il a dû s'incliner devant les exigences des sociaux-démocrates. Ceux-ci ont fait mieux encore. Ils ont refusé la liste des officiers et des hommes d'escorte établie au ministère de la Guerre, et ont imposé une liste dressée par le Dr Deutsch, comprenant des soldats connus pour leurs opinions communistes, et le major Hoffmann, qui, le 25 février dernier, prit la tête du fameux défilé devant les membres du congrès socialiste international de Vienne. Le Dr Glanz a jugé que, si on refusait au ministre de la Guerre jusqu'à la désignation des hommes de service, ses fonctions

devenaient inutiles, et il a offert sa démission au
Dr Mayr. Celui-ci n'a pas osé le soutenir, et a accepté
la démission.

Ce « chantage » des sociaux-démocrates a considé-
rablement retardé l'organisation du train impérial.
Finalement, toutes les concessions ont été faites, et
le convoi a quitté la gare frontière de Fehring le
5 avril, sous la « garde » — outre un détachement de
police et trois officiers de l'Entente — de deux délégués communistes, et de douze wehrmänner, comprenant un conseil de soldats, et bien décidés en cas
de conflit à se joindre aux assaillants! L'étrange
escorte que les dirigeants autrichiens ont eu la faiblesse de se laisser imposer n'a d'ailleurs été admise
ni par les Hongrois, qui ont confié l'empereur aux
officiers de l'Entente, ni par le prince de Liechtens-
tein, qui a refusé aux représentants de la wehrmacht
l'entrée sur son territoire.

Obligé de subir tous les caprices des pangerma-
r tes et des sociaux-démocrates, prisonnier d'une
armée toute dévouée à ses adversaires politiques, et
à laquelle il ne peut donner aucun ordre, le gouvernement n'a aucune autorité dans son propre pays.

Il faut donc qu'il puise au dehors le prestige qui
lui manque à l'intérieur. Si nous voulons sérieusement
que l'Autriche accomplisse les réformes nécessaires,

c'est à nous, puissances alliées, à soutenir ses dirigeants, et à couvrir leur programme d'assainissement financier et de relèvement politique de toute notre autorité. Et si, pour accomplir cette tâche écrasante, le gouvernement ne nous donne pas suffisamment de garanties, et s'il ne renferme pas les hommes les plus compétents, et les mieux désignés par l'opinion publique, c'est à nous encore d'obtenir les changements de personnes indispensables.

Depuis deux ans et demi, l'Autriche livrée à elle-même a donné des preuves éclatantes de son incapacité à diriger ses affaires. Il est inutile de laisser une telle expérience se prolonger, surtout lorsque les frais en incombent aux autres. Ceux qui sont obligés de fournir à ce pays des crédits et des ressources de toutes sortes, ont aussi le devoir d'en surveiller la gestion. On ne saurait nous contester un tel pouvoir de contrôle, et nous opposer encore, en politique intérieure comme en politique extérieure, le « droit de libre disposition ». A l'exemple de certains dissipateurs, il faut pourvoir certains peuples d'un conseil judiciaire, lorsque leur prodigalité compromet les finances des États voisins. Aujourd'hui, pour l'Autriche, il n'y a que deux solutions : l'esclavage allemand, ou la tutelle des puissances alliées. Notre choix est fait !

Souhaitons seulement que la Société des Nations, chargée d'après la Conférence de Londres d'exercer cette tutelle, ait assez d'autorité pour faire accomplir les réformes indispensables, et que les puissances qui, non seulement ont généreusement renoncé à leurs créances d'État, mais ont fait encore appel à l'épargne nationale, ne soient pas obligées d'intervenir directement pour défendre leurs intérêts.

Mais un gouvernement ne peut opérer de réformes sérieuses, s'il n'est soutenu et secondé par le peuple tout entier. Or, la mentalité des Autrichiens est loin de correspondre aux nécessités de la situation. Leur insouciance proverbiale les détache des difficultés auxquelles leur pays est en butte, et ils préfèrent s'en remettre aux autres du soin de les trancher. En les persuadant de l'inutilité de tout effort, la propagande pangermaniste a encore accentué leur fatalisme, et, désormais, ils attendent avec passivité que le rattachement vienne leur apporter l'abondance et la prospérité. Certains Allemands eux-mêmes en ont été frappés, et le Dr Heim, chef du parti du peuple au Landtag bavarois, a déclaré le 24 novembre 1920, au cours d'un voyage en Autriche : « J'ai l'impression « qu'on nourrit à Vienne l'espérance de voir cesser « d'un seul coup, sitôt le rattachement effectué, la dé- « tresse dans laquelle le pays est plongé aujourd'hui.

« On ne saurait trop s'élever contre une pareille
« conception ! »

Cet accès de franchise est exceptionnel, et, d'habitude, les Allemands se gardent bien de détromper leurs naïfs alliés. Mais ceux-ci déchanteraient vite, si jamais le rattachement s'accomplissait, et, sous la main de fer des fonctionnaires du « Reich », ils apprendraient à gagner leur pain à la sueur de leur front !... Peut-être pourrions-nous, ici encore, nous substituer aux Allemands, et faire renoncer le peuple autrichien à ses dangereuses fictions, en lui suggérant de compter un peu moins sur les autres, et un peu plus sur lui-même.

Actuellement, du haut en bas de l'échelle sociale, les gens affectent de se désintéresser des affaires publiques. Tous les membres de l'aristocratie, et la plupart des anciens fonctionnaires de l'Empire, refusent de prêter leur concours au gouvernement de la République, et mettent, comme cela s'est vu parfois en France au lendemain de la Révolution, leurs convictions politiques au-dessus de leurs sentiments patriotiques.

Ainsi à cette heure critique, où la coopération de toutes les intelligences et de toutes les volontés serait indispensable, une grande partie de l'élite intellectuelle se tient systématiquement à l'écart, et se lamente

de voir la place prise par de nouveaux venus, sans
expérience où sans scrupules. Dernièrement, lors
du renouvellement de l'Assemblée nationale, personne n'a consenti, dans certains milieux, à poser sa
candidature. Et le comte Czernin, ancien ministre de
l'Empereur, ayant seul voulu réagir contre cette tendance, a vu tous ses camarades du Jockey Club éviter
de lui serrer la main, le soir de son élection. Il en est
de la carrière diplomatique, et de toutes les autres,
comme de la carrière politique. Partout, des gens qui
seraient capables de rendre de grands services au
pays, refusent de sacrifier leurs préjugés, et oublient
leurs devoirs, ne comprenant pas que de telles défections sont l'une des causes principales du désastre
actuel.

Au point de vue financier, l'abstention est encore
plus flagrante. Le gouvernement autrichien proclame
sans cesse sa détresse, et le chancelier Mayr a répété
à Londres combien les crédits étrangers étaient indispensables au relèvement de son pays. Mais il convient d'ajouter que les dirigeants actuels sont loin
d'exiger du contribuable l'effort pécuniaire dont
celui-ci serait capable. L'Assemblée nationale a voté
des impôts considérables, seulement on ne les per-
çoit pas, ou très incomplètement, et aucun emprunt
intérieur n'est émis.

Pourtant il y a beaucoup d'argent en Autriche. La vente du palais Pallfy, qui a eu lieu à Vienne au milieu du mois de mars 1921, en témoigne. Malgré la présence de nombreux antiquaires étrangers, presque tous les objets d'art ont été rachetés par les gens du pays, à des prix souvent considérables. Un bureau, ayant, dit-on, appartenu à Napoléon Ier à la Malmaison, n'a pu être racheté par la France parce qu'un banquier viennois a poussé les enchères jusqu'à 13 millions de couronnes, et les journaux locaux ont vu là une sorte de victoire nationale!... Si ces riches amateurs consentaient à sacrifier à l'État, sous forme de prêt, quelques-unes de leurs fantaisies, peut-être les dirigeants autrichiens seraient-ils moins contraints de faire appel aux capitaux alliés!

Indifférents aux affaires de l'État, les Autrichiens ne s'intéressent pas beaucoup plus au sort de leurs concitoyens. Et, dans un pays rempli de tant de misères, on est surpris de voir le petit nombre de gens qui s'attachent à les secourir ! Toutes les œuvres de bienfaisance sont organisées par l'État, ou dues à l'initiative de quelques grands médecins et de certains étrangers. Les mutualités, les associations philanthropiques, et les mille formes pratiques de la charité sont pour ainsi dire inconnues. Il n'y a aucune solidarité entre les gens qui possèdent, et donnent peu, et les gens qui

souffrent, et ne demandent rien. Il est vrai que la classe
la plus dépourvue est peut-être la classe la plus fière.
Dans le peuple, où les ouvriers et les ouvrières
touchent de gros salaires, la pauvreté ne fait guère de
ravages. Par contre, toute la classe moyenne est en
proie à une misère effroyable. La plupart des fonctionnaires, beaucoup de membres des carrières libé-
rales, les anciens officiers, et les retraités de toute
espèce gagnent mensuellement quelques centaines de
couronnes, sommes ridicules au taux actuel du change,
et meurent de faim. On cite de célèbres généraux
commandants d'armée obligés de garder la chambre,
parce qu'ils ne peuvent plus s'acheter ni linge, ni
vêtements de rechange. Des malheureux de ce genre
sont trop fiers pour implorer une pitié qu'on ne songe
pas à leur offrir.

Pendant ce temps, leurs anciens camarades plus
fortunés, ou bien les nouveaux riches, ne se refusent
aucun raffinement du luxe le plus coûteux. A Vienne,
où tout le monde gémit sur le prix de la vie, les
théâtres sont toujours aussi pleins, et les femmes aussi
élégantes. Et pourtant le fauteuil d'orchestre vaut
couramment mille couronnes, et une jolie robe de
soixante à quatre vingt mille couronnes ! Les malheurs
d'un peuple développent-ils son égoïsme plutôt que
sa pitié ? Ou beaucoup de gens cherchent-ils à

s'étourdir, et, fuyant à dessein des réalités trop menaçantes, répugnent-ils à se pencher sur une misère qui les attend demain ? Mystère !... De si profonds contrastes n'en demeurent pas moins choquants. Et lorsque le monde entier, avec quelque exagération d'ailleurs, s'émeut de la détresse de l'Autriche, il faut bien constater que, dans ce pays même, beaucoup de gens ne font pas l'effort de charité nécessaire, et dissipent follement les sommes dont certains étrangers se privent pour leurs frères malheureux.

⁂

Si on veut rendre la vie à l'Autriche, il faut modifier la mentalité actuelle de ses habitants, en les intéressant de nouveau aux affaires publiques, en développant leur esprit de solidarité, et en les débarrassant, en un mot, du scepticisme dont ils s'enveloppent depuis la révolution. Cette tâche n'est pas insurmontable. Seulement, des hommes devant lesquels tout s'est effondré à la fois, croyances, institutions, honneurs, et gloire militaire, qui ont perdu tout ce qui faisait jadis la grandeur et le charme de leur pays, ont l'enthousiasme difficile. Pour reconnaître leur nouvelle patrie dans ce lambeau d'un magnifique empire, il leur faut quelque temps de réflexion, et une réelle grandeur d'âme.

Ils se remonteront peu à peu. La propagande allemande cessant de les aveugler, ils distingueront leurs véritables intérêts, et seront tout surpris de trouver de profondes sympathies, là où l'on s'obstinait à leur montrer de la rancune et de la haine. Alors le peuple autrichien, si foncièrement différent du peuple allemand, reprendra conscience de lui-même, et comprendra quelle folie les ambitions pangermanistes allaient lui faire commettre. Il avouera que la liberté est préférable au plus brillant esclavage, et s'attachera malgré lui à ce petit territoire, berceau, puis suprême refuge de son indépendance nationale. Et, loin de s'associer au belliqueux impérialisme de ses voisins, heureux d'avoir enfin trouvé un port après tant de tempêtes, il coopérera peut-être avec les Puissances d'ordre, au maintien de la paix en Europe.

L'évolution du peuple autrichien est indispensable, tout comme l'adoption immédiate d'un programme politique énergique. Et les étrangers qui voient dans ces réformes intérieures, beaucoup plus que dans toutes espèces de secours extérieurs, la véritable solution du problème, ont raison. Seulement, de semblables transformations ne se font pas en un jour. Et il ne suffit pas d'indiquer un but à une nation pour que celle-ci l'atteigne aussitôt. Pendant quelques années, les puissances alliées devront s'occuper beaucoup de l'Autriche, intervenir fréquemment auprès de son gouvernement, surveiller son administration, lui fournir une aide considérable, et l'aider, de toutes façons, à « faire la soudure ».

Si on néglige ce soin, si on laisse ce malheureux pays se débrouiller seul, en lui offrant seulement des crédits et des conseils, il est perdu. Infailliblement, il deviendra l'apanage de l'Allemagne, après avoir été, peut-être, la proie du bolchevisme, importé par ces milliers de réfugiés sans foi ni loi, qui, comme des corbeaux, s'abattent sur le sol des peuples agonisants.

CONCLUSION

QUEL dommage, déclarait à Berlin, le 7 jan-
« vier dernier, M. Koch, ministre de l'Inté-
« rieur, que nous n'ayons pas annexé l'Autriche il y
« a deux ans ! Nos adversaires se seraient inclinés,
« comme toutes les fois où ils se sont trouvés en pré-
« sence du fait accompli ! » — La leçon de ces paroles
officielles ne sera pas perdue. La plupart des Allemands considèrent en effet le territoire autrichien
comme une valeur nationale, réalisable au premier
jour. Quant aux hypothèques, dont ce pays est grevé,
ils ne s'en inquiètent pas plus que de leurs propres
dettes. Ne comptons donc pas sur cette considération
pour les arrêter, non plus que sur toute espèce d'argument, qui ne serait pas une pure manifestation de
force.

Si les puissances alliées laissent le rattachement
s'accomplir, elles seront impardonnables ! Elles

n'auront ni l'excuse de la surprise, — puisque nos ennemis opèrent au grand jour — ni la consolation de s'incliner devant quelque inéluctable destinée. Leur imprévoyance, leur indécision, leur désaccord hélas ! mieux que toute la propagande adverse, auront amené ce dénouement lamentable. Après avoir laissé l'Allemagne sortir plus forte et plus unie de son désastre, elles lui auront permis de réaliser, sans coup férir, une conquête dont les pangermanistes faisaient, autrefois, le but même de leur victoire.

Assez de sacrifices ! Assez de concessions à ces « droits historiques », qui cachent, à présent, les ambitions des races vaincues ! Assez de plébiscites ! Nous savons trop par quels moyens on maquille les suffrages d'un peuple. Hier la Carinthie et la Haute-Silésie, demain l'Autriche... Il ne resterait plus d'or en Allemagne !

La partie est entre nos mains. A nous d'agir sans tarder, et de montrer aux Alliés, que d'autres craintes aveuglent, la nécessité d'une prise en charge immédiate de l'Autriche. Sans doute, les uns et les autres devront s'imposer quelques sacrifices pénibles ; sans doute certaines sommes, envoyées à Vienne, trouveraient un très utile emploi dans les réparations des régions dévastées, en France, ou dans la construction de cités ouvrières, à Londres. Mais si nous reculons devant ces dépenses, et si nous jetons l'Autriche dans les bras de l'Allemagne, nous n'aurons pas besoin d'attendre quarante-deux ans pour renoncer définitivement à nos créances !

∽

Puissent ces pages avoir mis en lumière la manœuvre des pangermanistes, et permettre d'opposer un démenti formel à ceux qui déclarent avec eux : « Le « rattachement est fatal, parce que toute l'Autriche « le désire, et ne peut vivre sans lui. » Les désirs de l'Autriche n'interviennent pas plus ici que son salut. Seuls, les appétits de l'Allemagne sont en cause. Quant à la fatalité, elle est l'excuse des paresseux et des lâches.

« Il ne faut pas oublier que le rattachement demeu- « rera une impossibilité tant que la France disposera « seulement d'une baïonnette. » Méditons ces paroles, et inspirons-nous-en. Elles ne sortent pas de la bouche d'un compatriote, mais ont été prononcées par un Bavarois : le Dr Heim. Mieux que ses frères, mieux même que beaucoup de nos amis, cet adversaire a retenu la leçon du passé. Il sait comment les Français sont capables d'arrêter, quand ils le veulent, et n'importe où, une ruée allemande.

TABLE DES MATIÈRES

SAINT-AMAND (CHER). — IMPRIMERIE BUSSIÈRE.

*Imprimé sur caractères spéciaux
des « Éditions Bossard »*

www.ingramcontent.com/pod-product-compliance
Ingram Content Group UK Ltd.
Pitfield, Milton Keynes, MK11 3LW, UK
UKHW021638170726
13836UKWH00005B/2266